ANNE WILLAN

CUISINE EN IMAGES

Le poulet

ANNE WILLAN

CUISINE EN IMAGES

Le poulet

UN LIVRE DORLING KINDERSLEY

CUISINE EN IMAGES
Le poulet
est l'adaptation française de LOOK & COOK, *Chicken Classics,*
créé et réalisé par Carroll & Brown Ltd pour Dorling Kindersley Ltd (Londres)

Nous remercions tous ceux qui ont contribué à la réalisation de cet ouvrage.
Direction de l'ouvrage : Jeni Wright • **Éditeur :** Norma MacMillan
• **Direction artistique :** Mary Staples • **Maquettistes :**
Lyndel Donaldson, Wendy Rogers, Lucy de Rosa, Lisa Webb

ADAPTATION FRANÇAISE
sous la direction de l'équipe éditoriale de Sélection du Reader's Digest
Direction éditoriale : Gérard Chenuet
Responsable de l'ouvrage : Paule Meunier
Lecture-correction : Dominique Carlier, Emmanuelle Dunoyer
Couverture : Françoise Boismal, Dominique Charliat
Fabrication : Jacques Le Maitre

Réalisation de l'adaptation française :
AMDS (Atelier Martine et Daniel Sassier)

Montage PAO : Pascale Pescheloche

PREMIÈRE ÉDITION
Édition originale
© 1992, Dorling Kindersley Limited
© 1992, Anne Willan pour les textes
Adaptation française © 1993: Sélection du Reader's Digest

Edition française
Premiere edition publiee au Canada en 1993
par Editions Phidal
5518 FERRIER, MONT-ROYAL, QC H4P 1M2

ISBN 2-89393-228-2

SOMMAIRE

LE POULET

CUISINE EN IMAGES

Avec **Le poulet,** découvrez ou retrouvez la série **Cuisine en images.** Jamais encore vous n'avez rencontré de livres de cuisine aussi simples et aussi complets. Je vous y fais découvrir, étape par étape, mes techniques les plus utiles et mes recettes préférées, comme si je vous accompagnais en cuisine pas à pas. Quand vous avez envie de réaliser un plat,

ÉQUIPEMENT

il vous faut un équipement adapté et des ingrédients précis. Dès la première page de chaque recette, **Cuisine en images** en dresse la liste complète et illustrée. Vous connaîtrez aussi immédiatement le nombre de personnes que vous pourrez servir, les temps de préparation et de cuisson, la présentation du plat... et même la meilleure façon de vous organiser.

Au fil des étapes, vous réussirez toutes les recettes, sans problème. Chacune de ces étapes, identifiée par une couleur, s'accompagne d'images

INGRÉDIENTS

et de commentaires brefs et précis. Ainsi, à tout instant, vous saurez ce que vous devez faire, pourquoi vous le faites, et à quoi doit ressembler votre plat à ce moment de sa réalisation.

POUR 4 À 6 PERSONNES · PRÉPARATION : DE 25 À 35 MIN · CUISSON : DE 20 À 30 MIN

Dans la rubrique «Anne vous dit», j'ai rassemblé des trucs et des expériences qui vous aideront : suggestion pour remplacer tel ingrédient ou tel ustensile, justification du choix de telle ou telle méthode, conseil pour maîtriser telle ou telle technique... J'ai aussi prévu des «Attention !» pour vous signaler une éventuelle difficulté.

De nombreuses photographies sont accompagnées de légendes supplémentaires qui expliquent le maniement d'un ustensile ou précisent l'aspect d'une préparation. Un plat bien présenté ouvre l'appétit; vous pourrez l'admirer à la fin de chaque recette et trouver des idées pour le servir.

Avec **Cuisine en images,** vous ne pouvez pas vous tromper. Je serai à chaque instant à vos côtés. Laissez-moi donc vous aider à réaliser et réussir **Le poulet.**

LE POULET

Le poulet est à la base de si nombreuses recettes qu'aucun cuisinier
ne saurait s'en passer. Vendu sous diverses formes, il peut tout aussi bien
se présenter sur la plus élégante des tables que composer un repas familial.
Délicieux simplement rôti, il mijote aussi en sauce ou se marie
avec toutes sortes de légumes et même des fruits de mer.
Les accompagnements traditionnels, différents suivant
les pays et même les régions, lui donnent
encore davantage de relief.

CHOIX DES RECETTES

Partout dans le monde, on prépare des plats de poulet. Le choix proposé ici est vaste et fait appel à des techniques culinaires et des ingrédients très variés. Cet ouvrage vous propose aussi bien des recettes classiques que des préparations plus originales. Pour vous aider, elles sont regroupées selon la forme de la volaille qui entre dans leur composition : poulet entier, morceaux de poulet, blancs de poulet, chair cuite de poulet.

POULET ENTIER

Le poulet simplement rôti est très apprécié tant en Europe qu'en Amérique. La cuisson à four chaud que pratiquent plus particulièrement les Français garantit le meilleur résultat. Elle s'applique à quatre recettes. *Poulet château du Feÿ :* tous les arômes des herbes et le moelleux du beurre. *Poulet rôti au citron :* une volaille farcie d'un citron entier. *Poulet rôti au beurre de citron et d'herbes :* un beurre aromatisé répand sa saveur entre la chair et la peau. *Poulet rôti à l'ail :* des gousses d'ail grillées parfument et épaississent la sauce.

Le pochage donne aussi des plats très agréables. *Poule aux pruneaux farcis du Yorkshire :* l'alliance subtile du sucré et du salé. *Poule pochée et sauce au persil :* une sauce veloutée nappe une poule tendre.

Préparée en crapaudine pour cuire uniformément, une volaille entière se grille très agréablement. *Poulet en crapaudine et beurre d'ail et d'herbes :* ouvert et aplati, il est farci sous la peau d'un beurre savoureux; des petits poulets ou des poussins ainsi préparés sont tout aussi délicieux. *Poussins en crapaudine à la dijonnaise :* la moutarde relève de sa force une riche sauce aux champignons; le braisage leur convient aussi très bien. *Poulet en cocotte au citron*

et au parmesan : des petits poulets mijotés à l'étouffée avec du citron et accompagnés d'une sauce piquante. *Poulet au thym :* des brins de thym parfument la viande cuite en cocotte. *Poulet en cocotte aux baies de genièvre et aux champignons :* toutes les senteurs rustiques de la nature. *Poussins en cocotte Véronique :* farcis de semoule pour couscous, ils sont servis avec des grains de raisin rouges ou blancs et une sauce au porto. *Poussins farcis à la sauce pimentée :* une sauce tomate relevée de harissa corse le goût des petites volailles et de leur farce de semoule.

MORCEAUX DE POULET

Un poulet se découpe facilement en quatre, six ou huit. Vous pouvez bien sûr le faire préparer par votre boucher ou acheter des cuisses et des blancs à la pièce. Ceux-ci se cuisinent de différentes façons. Ils sont excellents sautés au beurre ou à l'huile puis dorés et cuits dans leur propre jus, avec différents assaisonnements et accompagnements.
Sauté de poulet au paprika : la touche hongroise est apportée par le piment doux, les poivrons rouges et la crème fleurette. *Poulet sauté au poivre du Sichuan :* la touche orientale est donnée par du poivre fort chinois. *Sauté de poulet à la bière :* de la bière brune et du gin flambé veloutent la sauce. *Sauté de poulet aux moules :* des moules parfument ce plat et des haricots verts le rehaussent de leur couleur. *Poulet aux coques :* d'autres fruits de mer qui se marient très bien avec la volaille.

La friture apporte au poulet du croquant. *Poulet frit du Sud américain en sauce déglacée :* un grand classique de la cuisine des États-Unis. *Poulet frit au bacon :* le goût fumé du bacon fait toute l'originalité de cette recette.

La cuisson à l'étouffée est représentée par deux plats d'origine nord-africaine. *Tajine de poulet aux épices* : la cannelle, le gingembre et le safran compensent la douceur du miel et des abricots. *Tajine de poulet aux aubergines* : des morceaux attendris par leur lente cuisson avec des aubergines, du citron, de la coriandre et du cumin.

Ailes et cuisses supportent très bien de mijoter longtemps. *Ragoût du Brunswick* : un riche ragoût aux fèves et au maïs. *Poulet basquaise* : tomates et poivrons composent la traditionnelle sauce basquaise. *Poulet aux haricots rouges et au saucisson à l'ail* : un plat si riche qu'il se sert sans accompagnement.

Trois recettes se préparent à l'avance et n'en sont que meilleures. *Coq au vin* : un grand classique. *Coq au vin blanc* : la sauce légère s'enrichit d'oignons et de champignons. *Coq au beaujolais* : ce vin rouge léger et fruité se marie parfaitement avec la chair goûteuse du coq.

Les petits morceaux de poulet se dégustent sans façons avec les doigts. *Pilons de poulet à la diable* : une préparation piquante enrobe les pilons grillés au barbecue. *Ailerons de poulet à la diable* : des amuse-gueule parfaits pour un cocktail.

Certains morceaux peuvent être à la base de recettes originales. *Hauts de cuisse de poulet grillés au yaourt* : le yaourt, qui attendrit la viande, fait aussi l'originalité de la sauce épicée. *Hauts de cuisse grillés au yaourt et au miel* : la sauce sucrée au goût puissant garantit la réussite de la grillade.

BLANCS DE POULET

Les blancs sont les morceaux les plus chers si vous les achetez à la pièce, mais beaucoup moins si vous les découpez vous-même sur une volaille entière. *Suprêmes de poulet en papillote à la julienne* : des chaussons odorants pour un dîner raffiné. *Suprêmes de poulet basquaise en papillote* : des poivrons doux relèvent les papillotes de leur saveur.

Deux recettes simples utilisent des blancs finement émincés. *Poulet sauté à l'orientale* : une friture rapide pour une préparation parfumée. *Poulet frit à l'aigre-doux* : des morceaux d'ananas apportent leur goût sucré à ce plat surprenant.

Des aiguillettes de blanc marinées et enfilées sur des brochettes deviennent des grillades savoureuses. *Brochettes à l'indonésienne* : bien épicées, elles sont servies avec une sauce aux cacahuètes. *Brochettes de poulet à la vietnamienne* : leur goût très particulier tient à la présence du gingembre et du lemon-grass.

Les blancs farcis et pochés conviennent très bien pour les grandes occasions. *Roulades aux herbes et au fromage de chèvre* : découpées en tranches, elles sont très décoratives. *Roulades à l'italienne* : elles doivent leur nom transalpin au jambon de Parme et au fromage fontina.

Les blancs émincés permettent de préparer des farces et des plats très variés. *Boulettes de poulet Pojarski* : elles s'inspirent d'une recette russe traditionnelle. *Boulettes pour cocktail* : de délicieux amuse-gueule. *Tourte froide au jambon* : une farce de viandes sous une croûte croustillante. *Tourte chaude au poulet et au jambon* : elle s'accompagne d'une sauce piquante au raifort. *Mousses de poulet chaudes et sauce madère* : couronnées de courgettes, elles sont servies avec une somptueuse sauce au beurre. *Mousses froides au coulis de tomates* : une entrée légère pour un déjeuner estival.

CHAIR DE POULET CUITE

Une fois cuit, le poulet permet de composer des salades froides ou chaudes. Rôtissez-le vous-même ou achetez-le tout prêt. *Salade de poulet à l'indienne sur riz au safran* : une variante épicée de la classique salade de poulet. *Salade de poulet à l'estragon et riz blanc* : l'estragon demeure l'un des grands partenaires du poulet. *Salade de poulet tex-mex* : des tomates, du maïs et des poivrons ensoleillent ce plat de leurs teintes vives. *Salade de poulet californienne* : une recette traditionnelle à base de roquefort, de bacon et d'avocat.

Le poulet cuit, enfin, entre dans la composition de garnitures de plats chauds. *Cassolettes de poulet sous leur chapeau aux herbes* : des croûtes de pâte coiffent des dés de poulet et de légumes. *Cassolette géante* : un plat consistant qui réchauffera les repas d'hiver.

ÉQUIPEMENT

La préparation et la cuisson du poulet n'exigent pas d'équipement très spécialisé; vous utiliserez souvent des ustensiles de cuisine classiques.

Vous aurez besoin d'un couteau chef ou de ciseaux à volaille pour désosser le poulet ou retirer les tendons. Tous les couteaux doivent être régulièrement aiguisés et protégés pour qu'ils ne s'émoussent pas.

Une aiguille à brider et de la ficelle sont souvent indispensables pour apprêter un poulet entier. Des brochettes en inox vous permettront de maintenir la volaille bien serrée ou au contraire aplatie pendant la cuisson. Un robot ménager — ou un hachoir — vous sera utile pour réaliser les recettes à base de poulet haché; un mixeur a tendance à réduire la chair en purée.

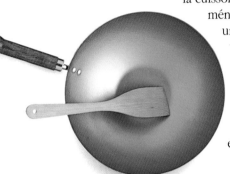

INGRÉDIENTS

Le poulet s'associe à une très vaste gamme d'ingrédients.

Le beurre est absolument nécessaire pour réussir un poulet rôti croustillant et doré, mais l'huile d'olive et l'huile de noix le remplacent agréablement dans de nombreuses autres recettes.

Des herbes comme le basilic, l'estragon, le romarin, l'origan, le thym et la ciboulette se marient naturellement avec le poulet, sans oublier le persil, trop souvent ignoré. La fine saveur de la volaille est également relevée par celles de la noix muscade, de la cannelle, du curry ou du piment fort. La plupart des légumes font de bons accompagnements pour le poulet, notamment les carottes, les oignons, les épinards, les tomates, les poivrons et tous les champignons. Les fruits de mer apportent une touche originale qui relève agréablement le goût de la chair blanche.

La plupart des recettes classiques sont à base de vin, vin rouge, vin blanc ou vin de liqueur comme le xérès ou le marsala.

Le poulet, qui reste relativement peu cher, est très riche en protéines. Cuisiné sans sa peau, il n'apporte que très peu de calories. Si vous souhaitez un plat encore moins riche, n'utilisez que le blanc des ailes, moins gras que la chair.

Le beurre et le sel sont présents dans toutes ces recettes. Si vous surveillez votre poids ou que votre santé l'impose, vous remplacerez le beurre par des corps gras moins caloriques, mais la saveur du plat ne sera pas aussi parfaite. Pour les sautés,

utilisez une sauteuse à fond épais dans laquelle vous ne mettrez que 1 ou 2 cuil. à café d'huile. Généralement, la quantité précise de sel n'est pas indiquée : vous rectifierez l'assaisonnement après avoir goûté. D'ailleurs, les herbes et les épices parfument les plats suffisamment pour qu'il soit inutile de trop les saler.

TECHNIQUES

Quelques trucs vous permettront d'obtenir le meilleur résultat. Ainsi, si vous retirez le tendon d'un blanc, la chair ne se contractera pas et restera tendre; si vous ôtez le bréchet, vous découperez plus facilement un poulet entier; si vous bridez la volaille, elle se tiendra mieux et cuira uniformément.

Vous trouverez facilement dans le commerce des ailes ou des cuisses vendues à la pièce, mais si vous découpez vous-même le poulet, vous obtiendrez des parts plus grosses et plus belles et vous utiliserez éventuellement les os pour préparer un bouillon de volaille.

La découpe d'un poulet cuit en tranches nettes, permettant d'offrir à chaque convive un peu de blanc et un peu de cuisse, passe depuis toujours pour un art. Le désossement et l'élimination de la peau de façon à ne garder que la chair sont utiles à connaître, notamment pour préparer des salades.

Comme dans les autres ouvrages de la série, vous trouverez ici des techniques indispensables à la préparation des ingrédients d'accompagnement. Vous découvrirez comment hacher des herbes, épépiner et concasser des tomates, peler et hacher une gousse d'ail, émincer ou hacher des oignons, nettoyer, découper ou émincer des champignons, préparer et émincer un avocat, tailler des légumes en julienne, griller, épépiner et couper des poivrons en tranches ou en dés, composer un bouquet garni ou préparer une sauce vinaigrette.

POULET CHÂTEAU DU FEŸ

🍴 POUR 4 À 6 PERSONNES   🥣 PRÉPARATION : DE 20 À 30 MIN   ♨ CUISSON : DE 1 H À 1 H 15

ÉQUIPEMENT

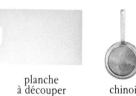

planche à découper

chinois

couteau d'office

couteau chef *

papier absorbant

fourchette à rôti

grande cuiller en métal

cuiller en bois

aluminium ménager

2 brochettes en inox

plat à rôtir pouvant aller sur le feu

Ce plat est souvent au centre des dîners bourguignons : un poulet rôti, sans farce, mais aromatisé aux herbes fraîches. Sa simplicité en fera l'une de vos recettes préférées. Plus vous y mettrez de beurre, plus la sauce sera riche. Présentez la volaille entière — comme ici — et découpez-la à table. Vous pouvez aussi, pour plus de facilité, lever les morceaux dans la cuisine avant de servir. Des pommes de terre rissolées, croquantes à l'extérieur et fondantes à l'intérieur, accompagneront parfaitement la chair juteuse et savoureuse du poulet.

SAVOIR S'ORGANISER

Si vous voulez lui garder toute sa saveur, évitez de réchauffer un poulet rôti. Toutefois, il restera chaud pendant au moins 30 min si vous l'enveloppez dans de l'aluminium ménager dès sa sortie du four.

LE MARCHÉ

1 poulet fermier de 2 kg
sel et poivre
2 ou 3 brins de thym frais
2 ou 3 brins de romarin frais
quelques feuilles de laurier
60-75 g de beurre
50 cl de bouillon de volaille

INGRÉDIENTS

poulet

bouillon de volaille   beurre

romarin frais

laurier   thym frais

DÉROULEMENT

1 APPRÊTER LE POULET

2 RÔTIR LE POULET

3 PRÉPARER LA SAUCE

* ou couteau à découper

10

1 APPRÊTER LE POULET

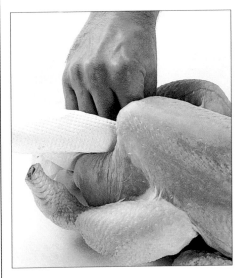

1 Préchauffez le four à 220 °C. Séchez l'intérieur du poulet avec du papier absorbant.

2 Ôtez le bréchet (voir encadré ci-dessous). Salez et poivrez le poulet, à l'intérieur comme à l'extérieur. Farcissez-le avec les herbes.

ANNE VOUS DIT
«Vous pouvez remplacer le thym et le romarin par de l'estragon, de l'origan ou toute autre herbe fraîche. Les herbes séchées, elles, ont beaucoup moins de saveur.»

3 Couchez le poulet sur le dos. Tirez les cuisses vers l'arrière et vers le bas. Piquez l'une des brochettes au niveau de l'articulation, passez-la à travers le corps et faites-la ressortir de l'autre côté.

ENLEVER LE BRÉCHET

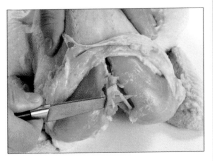

1 Tirez vers l'arrière la peau du cou du poulet. Avec la pointe d'un couteau d'office, dégagez le bréchet.

4 Retournez le poulet sur le ventre. Tirez la peau pour recouvrir la cavité du cou et rabattez les ailerons par-dessus.

5 Piquez la seconde brochette à travers l'un des ailerons repliés et dans la peau du cou. Poussez-la en la glissant sous la colonne vertébrale et faites-la ressortir à travers le second aileron.

6 Mettez de nouveau le poulet sur le dos. Il est prêt pour la cuisson.

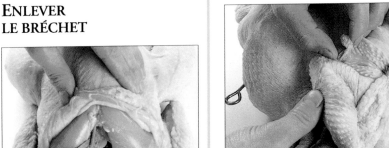

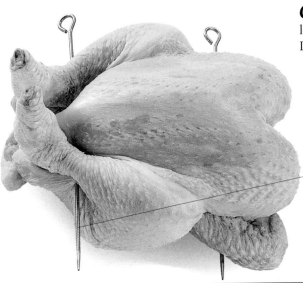

Les brochettes maintiennent les membres du poulet sans qu'il soit nécessaire de le brider

2 Retirez le bréchet. Enlevez aussi toute la graisse.

ANNE VOUS DIT
«Sans le bréchet, vous trancherez plus facilement le blanc.»

2 RÔTIR LE POULET

1 Mettez la volaille sur le dos dans le plat à rôtir. Disposez le beurre, après l'avoir découpé en lamelles, sur le ventre du poulet.

ANNE VOUS DIT

«Le beurre apporte du moelleux à la chair du poulet et donne à la peau une belle couleur dorée. Sa quantité est une question de goût; pour ma part, j'en mets 60 g au moins.»

Les bords du plat à rôtir ne doivent pas être trop hauts afin que la chaleur du four se répartisse bien autour de la volaille

VÉRIFIER LA CUISSON D'UN POULET

Pour vérifier que la cuisson d'un poulet est terminée, soulevez-le en le piquant à l'aide de la fourchette à rôti et inclinez-le au-dessus du plat : il est cuit à point lorsque le jus qui s'en écoule est incolore.

2 Enfournez le poulet pour 1 h à 1 h 15, en l'arrosant avec le jus de cuisson toutes les 10 à 15 min.

ANNE VOUS DIT

«Un arrosage fréquent est le secret d'un poulet à la chair fondante et à la peau dorée et craquante.»

3 Pour que la viande ne se dessèche pas, retournez le poulet sur le ventre dès que sa peau commence à dorer. Remettez-le de nouveau sur le dos 15 min avant la fin de la cuisson. Posez-le sur la planche à découper et couvrez-le d'aluminium ménager pendant que vous préparez la sauce.

3 PRÉPARER LA SAUCE

1 Versez le bouillon de volaille dans le plat à rôtir, portez sur feu vif et amenez le jus à ébullition en remuant pour bien mélanger les sucs. Faites bouillir ainsi jusqu'à ce que la sauce soit suffisamment réduite.

ANNE VOUS DIT

«L'ébullition favorise l'émulsion du beurre et des graisses de cuisson et lie la sauce.»

Le chinois, qui permet de filtrer la sauce, évite aussi de la renverser

2 Vérifiez l'assaisonnement, puis passez avec précaution la sauce à travers le chinois au-dessus d'une saucière ou d'un bol.

❢◉❢ POUR SERVIR

Présentez la volaille entière ou levez les morceaux dans la cuisine (voir encadré p. 14) et servez sur des assiettes. Proposez la sauce à part.

Des herbes fraîches
— thym, romarin et feuilles de laurier — décorent le plat

Des pommes de terre
rissolées dans de l'huile et du beurre accompagnent parfaitement ce poulet

DÉCOUPER UN POULET CUIT

1 Retirez les brochettes. Enfoncez la lame d'un couteau chef entre la cuisse et la cage thoracique.

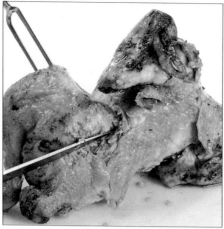

2 Couchez le poulet sur le côté et, au niveau de la colonne vertébrale, glissez le couteau sous la cuisse; le sot-l'y-laisse doit y rester attaché.

3 Retournez le poulet sur le dos. Inclinez fermement la cuisse vers l'extérieur pour déboîter l'articulation, puis tranchez-la et détachez le membre. Procédez de la même façon pour la seconde cuisse.

Une fourchette à rôti vous permettra de garder les doigts éloignés du couteau

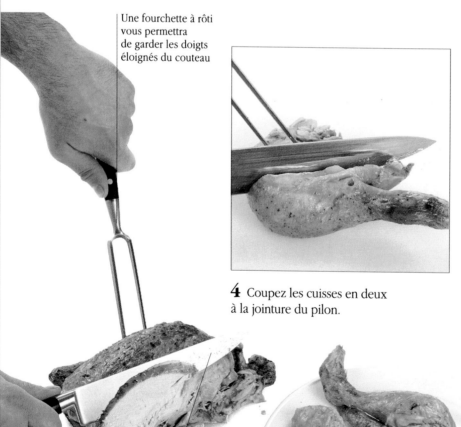

4 Coupez les cuisses en deux à la jointure du pilon.

5 Glissez la lame du couteau à l'horizontale au-dessus de l'articulation de l'aile et jusqu'à la cage thoracique de façon à détacher la base du blanc.

6 Taillez des tranches de blanc le long de la cage thoracique. Détachez l'aileron. Procédez de la même façon pour l'autre côté de la volaille.

Assurez-vous que le couteau est suffisamment aiguisé pour découper des tranches de blanc bien nettes

Coupez des morceaux dans les cuisses afin que chaque convive en ait un peu à côté d'une tranche de blanc

POULET RÔTI
AU CITRON

*Remplacez les herbes du poulet château du Feÿ
par un citron. Choisissez de préférence
un fruit non traité.*

1 Lavez le citron, puis roulez-le sur le plan de travail
pour répartir le jus à l'intérieur. Piquez-le avec une fourchette,
placez-le à l'intérieur du poulet et faites rôtir la volaille
en suivant la recette principale.
2 Quand la sauce est prête, ajoutez-y quelques gouttes
de jus de citron avant de la passer à travers
le chinois.
3 Pour servir, décorez le plat avec
des rondelles de citron frais.

POULET RÔTI AU BEURRE DE CITRON
ET D'HERBES

1 Préparez la volaille en suivant les étapes 1 et 2 de la recette
principale.
2 Râpez finement le zeste d'un citron. Effeuillez 2 ou 3 brins
de thym frais et 2 ou 3 brins de romarin frais. Coupez les feuilles
en petits morceaux, puis hachez-les finement. Incorporez-les
à 60-75 g de beurre ramolli.
3 Avant de commencer l'étape 3 de la recette principale, glissez
les doigts sous la peau du ventre du poulet pour la détacher
de la chair. Enduisez la viande de beurre aromatisé. Continuez
en suivant la recette principale.

POULET RÔTI
À L'AIL

*Un délice pour les amateurs : des gousses d'ail
en chemise cuites avec le poulet, puis
épluchées et écrasées pour lier
la sauce. L'ail ainsi préparé
devient onctueux, avec un
goût légèrement sucré.*

1 Apprêtez et cuisez la volaille en suivant la recette principale.
2 Séparez les gousses d'une tête d'ail sans les peler. Lorsque
vous arrosez le poulet pour la première fois, 10 à 15 min après
l'avoir mis au four, répartissez les gousses dans le plat à rôtir.
3 Préparez la sauce en suivant la recette principale. Après
avoir filtré le jus, écrasez l'ail contre les parois du chinois
pour le réduire en purée.
4 Vous pouvez également préparer une garniture d'ail cuit.
Coupez le sommet de 4 à 6 têtes d'ail (une par personne).
Arrosez-les d'un filet d'huile d'olive et disposez-les dans un plat
à rôtir légèrement graissé. Faites-les cuire en même temps
que le poulet, mais 45 min seulement. Il suffit ensuite de sortir
les gousses d'ail moelleuses de leur bulbe pour les déguster.

PILONS DE POULET À LA DIABLE

🍽️ POUR 4 PERSONNES   🥄 PRÉPARATION : DE 20 À 25 MIN   🍲 CUISSON : DE 35 À 45 MIN

ÉQUIPEMENT

Ces pilons de poulet épicés, un classique de la cuisine au barbecue, sont encore meilleurs préparés au charbon de bois. Dans ce cas, accompagnez-les d'épis de maïs grillés. Pour la salade, choisissez des pommes de terre nouvelles ou des pommes de terre à chair très ferme.

bols

couteau chef

couteau d'office

pinceau
à pâtisserie

cuiller
en métal

fouet

casseroles

passoire

planche à découper

fourchette à rôti

aluminium ménager

ANNE VOUS DIT

«*Vous pouvez remplacer les pilons de poulet par des poussins; comptez-en un par personne. Ils seront cuits en 25 min et vous les servirez entiers.*»

LE MARCHÉ

8 pilons de poulet
huile végétale pour graisser la grille
Pour le mélange
125 g de beurre
2 cuil. à soupe de chutney aux mangues
2 cuil. à soupe de purée de tomates ou de ketchup à la tomate
2 cuil. à soupe de Worcestershire sauce
1 cuil. à café de noix muscade râpée
1/2 cuil. à café de pâte d'anchois
sel et poivre
piment de Cayenne ou tabasco
Pour la salade
2 cuil. à soupe de vinaigre de vin rouge
1/2 cuil. à café de moutarde de Dijon
6 cuil. à soupe d'huile végétale
quelques brins de persil
quelques tiges de ciboulette
750 g de pommes de terre nouvelles

INGRÉDIENTS

pilons de poulet

beurre

purée
de tomates

chutney
aux mangues

pâte d'anchois

moutarde
de Dijon

piment
de Cayenne

ciboulette fraîche

huile
végétale

persil frais

pommes
de terre

noix
muscade
râpée

vinaigre de
vin rouge

Worcestershire
sauce

DÉROULEMENT

1 PRÉPARER
LE MÉLANGE

2 PRÉPARER
LA SALADE

3 APPRÊTER
ET GRILLER
LE POULET

1 PRÉPARER LE MÉLANGE À LA DIABLE

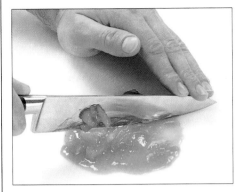

1 Chauffez le beurre dans une petite casserole. Coupez les plus gros morceaux de mangues du chutney.

2 Versez le chutney dans un bol et ajoutez les autres ingrédients du mélange à la diable, une pincée de piment de Cayenne ou une goutte de tabasco, et le beurre fondu. Mélangez bien à l'aide de la cuiller en métal. Goûtez et rectifiez l'assaisonnement.

Ce mélange épicé enrobera délicieusement les pilons de poulet

2 PRÉPARER LA SALADE DE POMMES DE TERRE

1 Préparez une sauce vinaigrette (voir p. 36) avec le vinaigre, la moutarde, l'huile, une pincée de sel et une de poivre.

2 À l'aide du couteau chef, hachez finement le persil et la ciboulette.

3 Gardez les pommes de terre nouvelles dans leur peau (mais pas les plus grosses, que vous couperez en 2 ou 3 morceaux). Cuisez-les de 15 à 20 min dans de l'eau bouillante salée. Elles sont cuites quand le couteau d'office s'enfonce facilement dans leur chair.

4 Égouttez les pommes de terre dans la passoire puis coupez-les en tranches de 1 cm d'épaisseur. Disposez-les ensuite dans un grand bol.

Laissez les pommes de terre refroidir un peu avant de les couper

5 Parsemez les pommes de terre tièdes des herbes hachées et arrosez-les de la vinaigrette; mélangez. Couvrez d'aluminium ménager et réservez.

HACHER DES HERBES

1 Détachez les feuilles ou les brins de leur tige. Rassemblez-les sur une planche à découper.

2 À l'aide d'un couteau chef très aiguisé, commencez à hacher les feuilles ou les brins.

ANNE VOUS DIT

«Quand vous hachez une grande quantité d'herbes ou de brins, tenez-les fermement en bouquet serré d'une main, et maniez le couteau de l'autre.»

3 En appuyant la pointe du couteau sur la planche, basculez la lame d'avant en arrière et de droite à gauche et hachez plus ou moins finement les herbes.

ATTENTION !

Les herbes délicates comme le basilic ou l'estragon se flétrissent si elles sont hachées trop finement.

3 APPRÊTER ET GRILLER LE POULET

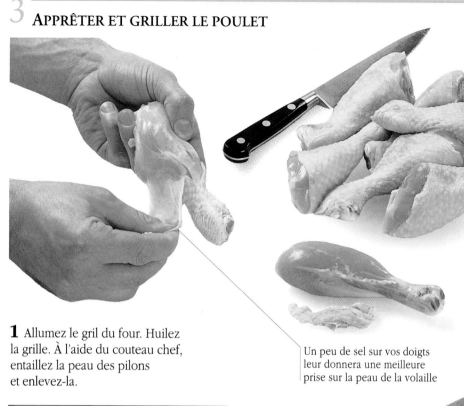

1 Allumez le gril du four. Huilez la grille. À l'aide du couteau chef, entaillez la peau des pilons et enlevez-la.

Un peu de sel sur vos doigts leur donnera une meilleure prise sur la peau de la volaille

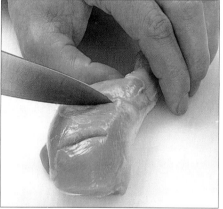

2 Avec la pointe du couteau, faites plusieurs entailles en diagonale sur les pilons de poulet.

Badigeonnez le mélange à l'aide du pinceau

3 À l'aide du pinceau à pâtisserie, enduisez les pilons avec une bonne partie du mélange à la diable, en le faisant bien pénétrer dans les entailles. Disposez-les ensuite sur la grille huilée.

4 Placez la grille dans le four, à 10 cm environ sous la source de chaleur. Retournez les pilons une fois au cours de la cuisson à l'aide de la fourchette à rôti.

VARIANTE

VARIANTE

AILERONS DE POULET À LA DIABLE

Ces savoureux amuse-gueule se dégustent dans de nombreux bars à vins.

1 Préparez le mélange à la diable en suivant la recette principale.

2 Remplacez les pilons par 12 à 14 ailerons de poulet. Ôtez leurs extrémités, puis enduisez-les de mélange à la diable et faites-les griller en suivant la recette principale.

3 Servez les ailerons sans accompagnement.

5 Pendant la cuisson, badigeonnez plusieurs fois les pilons avec le reste du mélange à la diable, tout en les arrosant de leur propre jus de cuisson. Laissez-les griller de 10 à 12 min de chaque côté, jusqu'à ce qu'ils soient tendres et dorés.

🍽 **POUR SERVIR**
Disposez la salade de pommes de terre et les pilons de poulet sur des assiettes individuelles.

SAVOIR S'ORGANISER

Vous pouvez préparer la volaille et la salade 24 h à l'avance et les conserver au réfrigérateur, dans un plat couvert. Pour réchauffer les pilons, enveloppez-les dans de l'aluminium ménager et mettez-les à four moyen (180 °C) environ 10 min.

Les pilons de poulet se servent plus ou moins chauds

TAJINE DE POULET AUX ÉPICES

🍽 POUR 4 PERSONNES   🥣 PRÉPARATION : DE 10 À 15 MIN   🍲 CUISSON : 1 H 30

ÉQUIPEMENT

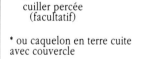

tajine*

ciseaux à volaille   casserole

couteau chef

fourchette à rôti

passoire en toile
métallique

bols

planche
à découper   grande cuiller
en métal

cuiller percée
(facultatif)

* ou caquelon en terre cuite
avec couvercle

ANNE VOUS DIT

*«Vous pouvez remplacer les
petits poulets, très courants
au Maroc, par un poulet plus
gros, que vous découperez
en 6 morceaux. Le temps
de cuisson sera alors
un peu plus long.»*

*Ce plat s'inspire du traditionnel tajine marocain,
un mélange de viande, de fruits et d'épices
longuement mijoté dans un plat en terre
cuite fermé par un couvercle conique. Si vous
ne souhaitez pas découper le poulet à cru,
achetez 2 ailes et 2 cuisses.*

SAVOIR S'ORGANISER

Vous pouvez cuire le poulet 3 jours à l'avance et le conserver
au réfrigérateur, ou même le congeler. Réchauffez-le à four
moyen (180 °C) de 20 à 30 min et servez immédiatement.

LE MARCHÉ

1 poulet de 1,5 kg
filaments de safran
3 ou 4 cuil. à soupe d'eau bouillante
quelques brins de persil frais
500 g de tomates
6 oignons
75 g d'abricots secs
2 cuil. à soupe de miel
2 cuil. à café de cannelle en poudre
1 cuil. à café de gingembre en poudre
sel et poivre
15 cl d'huile d'olive

INGRÉDIENTS

oignons

poulet

abricots secs   persil frais

miel

tomates

filaments
de safran   huile d'olive

cannelle
en poudre   gingembre
en poudre

DÉROULEMENT

1 DÉCOUPER
LE POULET

2 PRÉPARER LES AUTRES
INGRÉDIENTS

3 CUIRE
LE TAJINE

1 DÉCOUPER LE POULET

Assurez-vous que le couteau est bien aiguisé et qu'il se trouve à la jointure de l'articulation

1 Glissez la lame du couteau chef entre la cage thoracique et la cuisse. Inclinez fermement celle-ci vers l'extérieur pour déboîter l'articulation puis tranchez-la et détachez le membre. Procédez de la même façon pour la seconde cuisse.

2 Passez la lame du couteau de part et d'autre de la cage thoracique pour détacher les blancs, puis ouvrez la carcasse avec les ciseaux à volaille.

3 Retournez le poulet sur le ventre et détachez de chaque côté l'aileron et le blanc des côtes et de la colonne vertébrale, sans les séparer, en laissant les jointures des articulations sur la carcasse.

2 PRÉPARER LES AUTRES INGRÉDIENTS

1 Mettez une grosse pincée de filaments de safran dans un petit récipient. Couvrez avec l'eau bouillante et réservez.

2 Hachez le persil. Pelez, épépinez et concassez les tomates.

Ne hachez pas les tomates trop finement

ANNE VOUS DIT
«Il faut toujours épépiner les tomates et les presser légèrement dans votre main pour qu'elles ne rendent pas trop de jus pendant la cuisson.»

ÉMINCER UN OIGNON

1 Épluchez l'oignon, ôtez-en le sommet puis coupez-le en deux dans le sens de la hauteur.

ANNE VOUS DIT
«Gardez la base de l'oignon : elle l'empêchera de se défaire lorsque vous l'émincerez.»

2 Posez la tranche d'une moitié d'oignon sur la planche à découper. Maintenez-la fermement et découpez-la en rondelles en utilisant la dernière phalange de vos doigts pour guider la lame du couteau. Ôtez la base quand vous l'atteignez. Procédez de la même façon pour l'autre moitié.

Utilisez la dernière phalange de vos doigts pour guider la lame du couteau

3 Émincez 4 oignons (voir encadré p. 21) et hachez finement les 2 derniers.

Tenez l'oignon fermement pendant que vous le hachez

4 À l'aide du couteau chef, détaillez les abricots secs en gros morceaux.

ANNE VOUS DIT

«Vous pouvez aussi découper les abricots avec des ciseaux de cuisine.»

3 CUIRE LE TAJINE

Le mélange doit être bien réparti

1 Préchauffez le four à 180 °C. Mettez les morceaux de poulet dans le tajine. Recouvrez-les des tranches d'oignons puis des tomates concassées.

2 Dans un grand bol, mélangez les oignons hachés, le safran et l'eau, les morceaux d'abricots secs, le miel, la cannelle, le gingembre, le persil haché, le sel et le poivre. Ajoutez l'huile d'olive. Étalez cette préparation sur le poulet à l'aide de la cuiller.

3 Couvrez le tajine et enfournez-le pour
1 h 30 environ. Assurez-vous alors que
le poulet est cuit en piquant dans
sa chair la fourchette à rôti :
elle doit s'y enfoncer facilement.

Le couvercle conique
maintient toute l'humidité
à l'intérieur du tajine

🍽 **POUR SERVIR**
Goûtez et rectifiez l'assaisonnement.
Disposez le poulet et la sauce
sur des assiettes individuelles.

ANNE VOUS DIT
*«Si vous utilisez un autre récipient
en terre cuite, assurez-vous
que son couvercle ferme
hermétiquement.»*

La semoule à couscous enrichie d'amandes
qui farcit les poussins en cocotte Véronique
(voir p. 94) accompagne parfaitement ce plat

TAJINE DE POULET AUX AUBERGINES

1 Découpez le poulet et préparez
les oignons et les tomates en suivant
la recette principale.
2 Ouvrez en deux une aubergine
moyenne (250 g environ) et émincez-la.
Mettez les tranches dans une passoire,
parsemez-les de gros sel, recouvrez-les
d'une assiette et laissez-les dégorger
30 min. Séchez-les dans du papier
absorbant.
3 Coupez les extrémités d'un citron
puis découpez-le en rondelles.
4 Mettez les morceaux de poulet dans
une cocotte à fond épais et recouvrez-
les des tranches d'oignons, des
tomates concassées, des rondelles
d'aubergines et de citron.
5 Dans un bol, mélangez
les oignons hachés, une gousse
d'ail hachée, 15 cl d'huile d'olive,
2 cuil. à café de cumin, 2 cuil.
à café de coriandre en poudre,
du sel, du poivre et quelques
feuilles de coriandre fraîche
finement ciselées. Étalez cette
préparation sur le poulet à l'aide
d'une cuiller.
6 Ajoutez 100 g d'olives entières,
noires ou vertes, égouttées à l'aide
de la cuiller percée, et faites cuire
le tajine en suivant la recette principale.
Retirez les rondelles de citron avant
de servir.

BROCHETTES À L'INDONÉSIENNE

Saté Ayam, Bumbu Saté

🍽️ POUR 6 PERSONNES, EN PLAT PRINCIPAL   🥣 PRÉPARATION : DE 15 À 20 MIN*   ♨️ CUISSON : DE 8 À 10 MIN

ÉQUIPEMENT

robot ménager**

poêle

couteau chef

pinceau à pâtisserie

couteau à désosser

cuiller en bois

cuiller en métal

spatule en caoutchouc

bols

planche à découper

18 brochettes en bambou***

film alimentaire

casserole moyenne

plat peu profond

** ou mixeur
*** ou en inox

*En Indonésie, ces brochettes épicées
se dégustent dans la rue, à tout moment.
Relevées d'une sauce piquante aux cacahuètes,
elles constituent un excellent plat principal.*

*plus 3 à 12 h de marinage

LE MARCHÉ

1,5 kg de blancs de poulet sans peau
Pour la marinade
3 échalotes
2 gousses d'ail
1/2 cuil. à café de piment en poudre
2 cuil. à café de coriandre en poudre
2 cuil. à café de gingembre en poudre
3 cuil. à soupe de sauce soja
2 cuil. à soupe de vinaigre de vin blanc
2 cuil. à soupe d'huile végétale
Pour la sauce
1 1/2 cuil. à soupe d'huile végétale
175 g de cacahuètes fraîches décortiquées
1/2 oignon moyen
1 gousse d'ail
1/2 cuil. à café de flocons de piment rouge
2 cuil. à café de gingembre en poudre
1 cuil. à café de cassonade
1 1/2 cuil. à café de jus de citron
50 cl d'eau chaude
sel et poivre

INGRÉDIENTS

blancs de poulet   échalotes

gousses d'ail

oignon

sauce soja

cacahuètes fraîches décortiquées

jus de citron

coriandre en poudre   piment en poudre   gingembre en poudre

flocons de piment rouge   cassonade

huile végétale   vinaigre de vin blanc

DÉROULEMENT

1 APPRÊTER
ET FAIRE MARINER
LE POULET

2 PRÉPARER
LA SAUCE

3 GARNIR ET GRILLER
LES BROCHETTES

APPRÊTER ET FAIRE MARINER LE POULET

1 Retirez le tendon de chaque blanc de poulet. Levez le filet en soulevant son extrémité et en le tirant vers vous. À l'aide du couteau chef, coupez-le en deux dans le sens de la longueur. Émincez le reste du blanc en 7 fines aiguillettes de la taille des moitiés de filet.

2 Hachez finement les échalotes (voir encadré à droite) et l'ail. Mélangez dans un grand bol tous les ingrédients de la marinade à l'aide d'une cuiller en métal.

La marinade attendrit la chair du poulet et la parfume délicieusement

3 Mettez les aiguillettes de poulet dans cette préparation et mélangez jusqu'à ce qu'elles soient bien enrobées de marinade. Couvrez le bol d'un film alimentaire et laissez reposer au réfrigérateur de 3 à 12 h.

HACHER UNE ÉCHALOTE

1 Séparez éventuellement l'échalote en deux. Pelez chaque moitié, posez sa tranche sur une planche à découper et tenez-la fermement avec vos doigts. Émincez-la horizontalement, en partant du sommet, sans entailler la base, qui la maintiendra pendant que vous coupez. Faites des tranches d'environ 3 mm d'épaisseur, ou moins si vous voulez hacher très finement.

2 Émincez ensuite l'échalote verticalement, en partant du sommet, toujours sans entailler la base.

3 Détaillez l'échalote plus ou moins finement, en fonction de la recette que vous avez choisi de préparer. Vous pouvez garder la base pour parfumer un bouillon.

2 PRÉPARER LA SAUCE AUX CACAHUÈTES

1 Chauffez l'huile dans la poêle. Faites-y griller les cacahuètes de 3 à 5 min, en remuant constamment. Mettez-les ensuite dans le bol du robot ménager.

Les cacahuètes grillées dégagent mieux leur parfum

Remuez sans arrêt les cacahuètes pour éviter qu'elles attachent ou qu'elles brûlent

2 Coupez le demi-oignon en gros morceaux. Mettez-les dans le bol du robot avec l'ail, les flocons de piment, le gingembre, la cassonade et le jus de citron. Faites tourner l'appareil jusqu'à ce que la préparation soit homogène.

ANNE VOUS DIT

«Si le mélange n'est pas suffisamment lié, ajoutez un peu d'eau chaude.»

3 Diluez la sauce avec l'eau chaude : elle doit être liquide. Versez-la dans la casserole, portez à ébullition et laissez mijoter 2 min, en remuant sans arrêt. Goûtez et rectifiez l'assaisonnement. Retirez du feu et tenez au chaud.

ATTENTION !

Remuez sans arrêt, car la sauce a tendance à attacher.

3 GRILLER LES BROCHETTES

Tenez fermement la brochette et tournez légèrement les morceaux de chair avant de les piquer

Enfilez les aiguillettes de poulet en accordéon sur les brochettes

1 Humectez les brochettes en bambou (voir encadré à droite) 30 min environ avant de les utiliser. Allumez le gril du four. Enfilez les aiguillettes de poulet en accordéon sur les brochettes : pour cela, tournez-les légèrement à chaque fois que vous les piquez. Comptez 3 morceaux de viande par brochette.

Humecter les brochettes

Laissez-les tremper 30 min dans l'eau froide, puis essuyez-les (ainsi traitées, elles ne brûleront pas).

2 Huilez la grille et posez-y les brochettes.

3 Placez la grille dans le four, à 10 cm environ sous la source de chaleur, pour 2 à 3 min. Puis retournez les brochettes et faites-les griller 2 à 3 min de l'autre côté.

🍽 POUR SERVIR
Disposez les brochettes sur des assiettes individuelles avec la sauce aux cacahuètes. Pour un repas plus copieux, servez-les avec du riz pilaf.

Une salade de crudités — carottes râpées, concombres et tomates assaisonnés avec une sauce vinaigrette — accompagnera agréablement les brochettes

BROCHETTES DE POULET À LA VIETNAMIENNE

1 Apprêtez les blancs de poulet en suivant la recette principale, puis coupez-les en cubes de 2 cm de côté.
2 Préparez la marinade avec 3 échalotes et 2 gousses d'ail finement hachées, 1 cuil. à café de piment vert frais épépiné et finement haché, 2 cuil. à café de gingembre frais râpé, 3 cuil. à soupe de sauce soja, 2 cuil. à soupe de vinaigre de vin blanc et 2 cuil. à soupe d'huile végétale.
3 Écrasez 1 pied de lemon-grass à l'aide d'un rouleau à pâte et ajoutez-le au mélange.
4 Laissez mariner les cubes de poulet de 3 à 12 h, puis enfilez-les sur 12 brochettes en bambou. Ôtez le lemon-grass.
5 Grillez les brochettes en suivant la recette principale et servez avec la sauce aux cacahuètes.

SAVOIR S'ORGANISER
Vous pouvez préparer la sauce aux cacahuètes 2 semaines à l'avance et la conserver au réfrigérateur, dans un récipient couvert. Laissez éventuellement les aiguillettes de poulet mariner 12 h, mais faites-les griller juste avant de servir.

COQ AU VIN

Poulet au vin rouge

 POUR 4 À 6 PERSONNES PRÉPARATION : 30 MIN* 🍲 CUISSON : DE 1 H 30 À 1 H 45

ÉQUIPEMENT

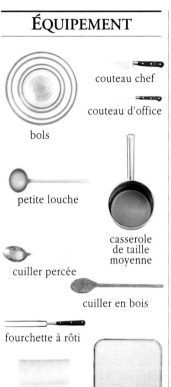

couteau chef

couteau d'office

bols

petite louche

casserole
de taille
moyenne

cuiller percée

cuiller en bois

fourchette à rôti

papier absorbant   plat peu profond

grande cocotte en
fonte, avec couvercle

passoire
à tamis fin

film alimentaire

chinois

planche à découper

ANNE VOUS DIT
*«Avec un vin du Rhône,
la sauce sera brune
et veloutée; avec un vin de
Loire, elle sera plus fruitée.
Je préfère un bourgogne
rouge, vin qui a du corps.»*

*Pour ce grand classique de la cuisine
française, la volaille commence par mariner,
ce qui l'attendrit et la parfume. Elle mijote
ensuite dans une sauce au vin rouge.
Il est plus simple de préparer ce plat avec
un poulet, mais il sera meilleur avec une poule
ou, dans l'idéal, avec un coq.*
* plus 12 à 18 h de marinage

LE MARCHÉ

1 poulet de 2 kg
125 g de poitrine fumée
1 cuil. à soupe d'huile végétale
15 g de beurre
18 ou 20 petits oignons blancs
250 g de champignons de Paris
1 gousse d'ail
2 échalotes
3 cuil. à soupe de farine
50 cl de bouillon de volaille ou d'eau
1 bouquet garni
sel et poivre
Pour la marinade
1 oignon
1 branche de céleri
1 carotte
1 gousse d'ail
6 grains de poivre noir
1/2 bouteille de bourgogne rouge
2 cuil. à soupe d'huile d'olive

INGRÉDIENTS

carotte   beurre

poitrine fumée

poulet   champignons
de Paris

oignon

gousses d'ail

vin rouge   branche
de céleri

petits oignons   bouquet
garni   échalotes

farine

huile d'olive

poivre noir   bouillon   huile
en grains   de volaille   végétale

DÉROULEMENT

1 DÉCOUPER
ET FAIRE MARINER
LE POULET

2 RISSOLER
LE POULET

3 PRÉPARER
LA GARNITURE

4 TERMINER
LE PLAT

DÉCOUPER UN POULET EN HUIT

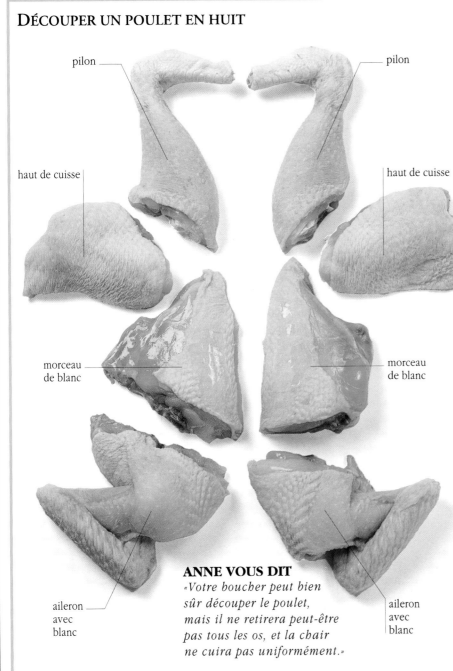

pilon — pilon

haut de cuisse — haut de cuisse

morceau de blanc — morceau de blanc

aileron avec blanc — aileron avec blanc

ANNE VOUS DIT
«Votre boucher peut bien sûr découper le poulet, mais il ne retirera peut-être pas tous les os, et la chair ne cuira pas uniformément.»

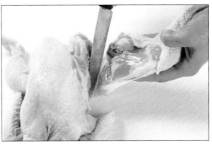

1 Glissez la lame du couteau chef entre la cage thoracique et la cuisse. Inclinez celle-ci fermement vers l'extérieur pour déboîter l'articulation, puis tranchez-la et détachez le membre. Procédez de la même façon pour la seconde cuisse.

2 Passez la lame du couteau de part et d'autre de la cage thoracique pour détacher les blancs, puis ouvrez la carcasse, retournez le poulet sur le ventre et découpez de chaque côté de la colonne vertébrale.

ANNE VOUS DIT
«Les ciseaux à volaille peuvent remplacer le couteau chef; ils sont même très pratiques pour ouvrir la carcasse, dégager la colonne vertébrale et les côtes, et découper les ailes et les cuisses en deux.»

3 Ôtez la colonne vertébrale et les côtes d'un seul tenant pour détacher les ailerons et les blancs sans les séparer; laissez les jointures des articulations sur la carcasse.

4 Coupez chaque aile en deux, en taillant à travers les os; une portion de blanc reste ainsi attachée à l'aileron. Enlevez tous les os pointus.

5 Coupez chaque cuisse en deux au niveau de la jointure, entre le haut de cuisse et le pilon.

1 DÉCOUPER ET FAIRE MARINER LE POULET

1 Pour préparer la marinade, émincez finement l'oignon, la branche de céleri et la carotte.

2 Mettez l'oignon, le céleri, la carotte, la gousse d'ail et les grains de poivre dans la casserole. Couvrez de vin rouge et portez à ébullition. Faites mijoter 5 min puis retirez du feu et laissez refroidir.

3 Découpez le poulet en huit (voir encadré p. 29). Mettez les morceaux dans un grand bol, recouvrez-les de la marinade froide et ajoutez 2 cuil. d'huile d'olive. Couvrez le récipient d'un film alimentaire et laissez mariner de 12 à 18 h au réfrigérateur, en retournant de temps en temps les morceaux.

En utilisant une passoire qui s'accroche au bord du bol, vous garderez les mains libres

Vous ajouterez au plat séparément le liquide et les légumes de la marinade

4 Retirez les morceaux de poulet de la marinade et séchez-les soigneusement dans du papier absorbant.

5 Versez la marinade dans une passoire à tamis fin au-dessus d'un grand bol. Réservez le liquide et les légumes.

2 RISSOLER LE POULET

1 Chauffez l'huile et le beurre dans la cocotte; lorsqu'ils moussent, faites-y rissoler la poitrine fumée coupée en dés. Quand ceux-ci ont rendu toute leur graisse, retirez-les de la cocotte à l'aide de la cuiller percée et réservez-les.

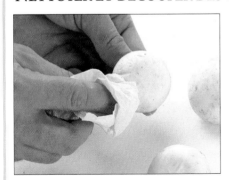

2 Mettez les morceaux de poulet dans la cocotte, peau vers le fond. Laissez rissoler 10 min environ.

3 Retournez les morceaux. Quand ils sont bien dorés de tous les côtés, sortez-les de la cocotte.

Utilisez une fourchette à rôti pour garder les doigts éloignés des éclaboussures d'huile bouillante

NETTOYER ET DÉCOUPER DES CHAMPIGNONS

1 Raccourcissez les pieds au niveau du chapeau et nettoyez les champignons avec du papier absorbant humide. S'ils sont terreux, lavez-les dans un bol d'eau froide puis égouttez-les dans une passoire.

2 Pour couper un champignon en quatre : posez la base du chapeau sur la planche à découper, tenez-le fermement et coupez-le en morceaux.

3 Pour émincer un champignon : posez la base du chapeau sur la planche à découper, tenez-le fermement et émincez-le plus ou moins finement.

3 PRÉPARER LA GARNITURE

1 Mettez les petits oignons blancs dans un bol et couvrez-les d'eau chaude. Sortez-les après 2 min et épluchez-les.

Plongés dans l'eau chaude, les petits oignons blancs s'épluchent plus facilement

2 Nettoyez les champignons et coupez-les en quatre (voir encadré p. 31). Hachez l'ail et les échalotes.

3 Faites revenir les petits oignons blancs dans la cocotte, à feu doux. Lorsqu'ils sont dorés, sortez-les à l'aide de la cuiller percée et réservez. Procédez de la même façon avec les champignons, jusqu'à ce qu'ils soient tendres. Sortez-les à l'aide de la cuiller percée.

4 TERMINER LE PLAT

Servez-vous d'une petite louche pour presser la sauce dans le chinois

1 Videz la graisse de la cocotte pour n'en garder que 2 cuil. à soupe. Placez les légumes de la marinade dans la cocotte et laissez-les mijoter 5 min, jusqu'à ce qu'ils soient tendres. Versez alors la farine en pluie et faites-la blondir de 2 à 3 min, en remuant.

2 Ajoutez le liquide de la marinade, le bouillon de volaille ou l'eau, l'ail et les échalotes hachés, le bouquet garni, le sel et le poivre. Portez à ébullition en remuant sans arrêt.

3 Ajoutez les morceaux de poulet, couvrez et laissez mijoter de 45 à 60 min. Assurez-vous que le poulet est cuit en piquant dans sa chair une fourchette à rôti : elle doit s'y enfoncer facilement. Gardez-le au chaud sur un plat peu profond et versez la sauce dans un bol.

4 Essuyez la cocotte avec du papier absorbant et mettez-y les petits oignons blancs. Versez la sauce à travers le chinois en pressant les légumes avec la petite louche pour en extraire le jus et la saveur.

5 Laissez mijoter de 5 à 10 min jusqu'à ce que les oignons soient tendres. Ajoutez les champignons et poursuivez la cuisson de 2 à 3 min : la sauce doit réduire jusqu'à napper légèrement le dos d'une cuiller en bois. Goûtez et rectifiez l'assaisonnement.

La sauce doit napper la cuiller mais ne pas être trop épaisse

6 Ajoutez les morceaux de poulet et les dés de poitrine fumée. Réchauffez doucement de 3 à 4 min.

POUR SERVIR

Disposez les morceaux de poulet sur des assiettes chaudes. Arrosez-les de sauce et servez-les avec des pommes de terre nouvelles cuites à la vapeur ou rissolées dans de l'huile et du beurre.

VARIANTES

COQ AU VIN BLANC
Poulet au vin blanc

Préparez le poulet en suivant la recette principale, mais n'utilisez pas de poitrine fumée et remplacez la demi-bouteille de vin rouge par une demi-bouteille de vin blanc sec, du riesling par exemple.

COQ AU BEAUJOLAIS

Poulet au beaujolais
Une version plus légère
du traditionnel coq au vin.

Préparez le poulet en suivant la recette principale, mais n'utilisez ni la poitrine fumée ni les champignons, et remplacez le bourgogne par une demi-bouteille de beaujolais rouge bien fruité.

— SAVOIR S'ORGANISER —
Vous pouvez préparer le coq au vin 48 h à l'avance et le conserver au réfrigérateur, dans un récipient couvert (sa saveur n'en sera que meilleure). Réchauffez-le ensuite à feu doux.

SALADE DE POULET TEX-MEX

 POUR 4 À 6 PERSONNES   PRÉPARATION : DE 20 À 25 MIN

ÉQUIPEMENT

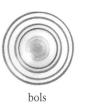

bols

planche
à découper

couteau
d'office

couteau chef

couteau
à désosser

cuiller en métal

gants
en caoutchouc

fouet

fourchette

essoreuse
à salade

ANNE VOUS DIT
*«Si vous n'avez pas
d'essoreuse, séchez
les feuilles de salade
dans du papier absorbant
ou dans un torchon propre.»*

*Cette savoureuse salade de poulet est
un véritable plat principal. Elle s'accompagne
traditionnellement de tortillas mexicaines,
mais des tranches de baguette ou de pain
complet conviennent aussi très bien.*

SAVOIR S'ORGANISER

Vous pouvez faire rôtir le poulet 2 ou 3 jours à l'avance
et le conserver, bien enveloppé, au réfrigérateur. La sauce
vinaigrette se garde une semaine, dans un récipient
hermétique ou dans une bouteille, à température ambiante.
N'ajoutez l'estragon frais qu'au moment de servir.

LE MARCHÉ

1 poulet rôti de 1,8 kg ou 500 g de poulet cuit sans os ni peau
1 ou 2 piments frais, selon votre goût
2 grosses tomates
1 poivron rouge
1 échalote
500 g de romaine
150 ou 200 g de maïs doux en boîte
Pour la sauce
4 cuil. à soupe de vinaigre de vin rouge
2 cuil. à café de moutarde de Dijon
1/2 cuil. à café de sel
1/4 cuil. à café de poivre
20 cl d'huile végétale
3 brins d'estragon frais

INGRÉDIENTS

poivron rouge

poulet entier rôti

échalotes

maïs doux

piments

tomates

estragon frais

romaine

moutarde de Dijon

huile
végétale

vinaigre
de vin rouge

DÉROULEMENT

1 PRÉPARER
LES INGRÉDIENTS
DE LA SALADE

2 COMPOSER
LA SALADE

1 PRÉPARER LES INGRÉDIENTS DE LA SALADE

1 Si le poulet rôti est entier, désossez-le, enlevez la peau et les tendons. Avec le couteau chef, coupez la chair en lanières.

ANNE VOUS DIT
«Il vous faut environ 500 g de chair de poulet coupée en lanières.»

2 À l'aide du couteau d'office, ôtez le pédoncule du piment. Ouvrez-le en long et grattez les graines et les membranes blanches qui se trouvent à l'intérieur.

ATTENTION !
Les piments renferment un alcaloïde qui peut irriter la peau : lorsque vous les manipulez, protégez-vous les mains avec des gants en caoutchouc.

3 Posez les moitiés de piment l'une sur l'autre. Émincez-les puis hachez-les finement en petits dés.

Coupez le rouleau de feuilles de salade pour obtenir une chiffonnade

4 Enlevez le pédoncule des tomates et coupez-les en fines rondelles à l'aide du couteau chef.

5 Ôtez le pédoncule du poivron rouge, épépinez-le et coupez-le en dés (voir encadré ci-dessous). Hachez finement l'échalote.

6 Épluchez la romaine. Lavez les feuilles, puis séchez-les dans l'essoreuse. Roulez-en quelques-unes en un cylindre serré. Découpez ce rouleau en fines lanières.

ENLEVER LE PÉDONCULE, ÉPÉPINER ET COUPER EN DÉS UN POIVRON

1 Découpez la chair autour du pédoncule du poivron et ôtez celui-ci en le faisant tourner.

2 Coupez le poivron en deux. Enlevez les membranes blanches et grattez les graines. Rincez-le à l'eau froide, puis séchez-le dans du papier absorbant.

3 Coupez chaque moitié de poivron en fines lanières. Détaillez-les ensuite dans l'autre sens pour obtenir de petits dés.

PRÉPARER UNE SAUCE VINAIGRETTE

1 Mettez le vinaigre, la moutarde, le sel et le poivre dans un petit bol. Mélangez bien à l'aide du fouet; le sel doit être dissous.

2 Versez l'huile en un mince filet en remuant au fouet sans arrêt. L'émulsion se fait et la sauce épaissit légèrement.

3 Ajoutez l'estragon finement haché. Goûtez et rectifiez l'assaisonnement.

ANNE VOUS DIT

«*Si les ingrédients de la vinaigrette se sont dissociés, fouettez de nouveau la sauce. Certaines huiles se solidifiant au froid, conservez la vinaigrette à température ambiante. Ajoutez les aromates (échalote, ail ou herbes) au dernier moment : ils dégageront mieux leur parfum.*»

2 COMPOSER LA SALADE

1 Préparez la sauce vinaigrette (voir encadré ci-contre). Dans un grand bol, mélangez les lanières de poulet, l'échalote et de 3 à 4 cuil. à soupe de vinaigrette.

2 Mettez la salade dans un autre grand bol. Arrosez-la de 3 à 4 cuil. à soupe de vinaigrette et tournez-la.

3 Disposez la chiffonnade de romaine sur des assiettes, puis les lanières de poulet. Ajoutez les rondelles de tomates et couvrez-les de grains de maïs. Posez les dés de poivron rouge sur le poulet et arrosez du reste de vinaigrette.

4 À l'aide d'une fourchette, déposez le piment sur la salade et servez.

Les quartiers de tortilla contrastent agréablement par leur croquant avec la douceur du poulet et des légumes

Du roquefort, ou tout autre fromage bleu, relève le goût de cette salade

La poitrine fumée ajoute du croquant à la salade

V A R I A N T E

SALADE DE POULET CALIFORNIENNE

1 Préparez le poulet, l'échalote, la salade, les tomates et la sauce vinaigrette en suivant la recette principale, mais n'utilisez ni le poivron rouge, ni le piment frais, ni le maïs.

2 Empilez 6 tranches de poitrine fumée (175 g environ) et coupez-les en dés de 1 cm de côté. Faites-les dorer dans une petite poêle puis séchez-les dans du papier absorbant.

3 Émiettez 100 g de roquefort ou d'un autre fromage bleu.

4 Préparez et émincez 2 avocats (voir encadré ci-dessous).

5 Composez la salade. Pour que les avocats ne noircissent pas, arrosez-les de jus de citron. Servez.

PRÉPARER ET ÉMINCER UN AVOCAT

1 À l'aide d'un couteau chef, coupez l'avocat dans le sens de la longueur. Faites pivoter les 2 moitiés en sens opposé pour les séparer puis ouvrez le fruit.

2 Enfoncez la lame du couteau dans le noyau et ôtez-le en le faisant doucement tourner. Vous pouvez aussi l'enlever avec une cuiller.

3 À l'aide d'un couteau d'office, soulevez la peau sans entailler la chair et pelez l'avocat.

4 Émincez finement les moitiés d'avocat. Posez les tranches sur une assiette et arrosez-les de jus de citron pour que leur chair ne noircisse pas.

ATTENTION !
Pour que la chair de l'avocat ne noircisse pas, servez-vous toujours d'un couteau en inox.

SAUTÉ DE POULET AU PAPRIKA

🍽 POUR 4 PERSONNES   🥣 PRÉPARATION : DE 20 À 25 MIN   ♨ CUISSON : DE 40 À 50 MIN

ÉQUIPEMENT

couteau chef   couteau d'office

sachet
en plastique

planche à découper

petit bol

grande sauteuse
avec couvercle

fourchette à rôti

cuiller en bois

plat peu profond

*La technique du sauté consiste à dorer
des morceaux de viande à feu vif dans un corps
gras puis à les cuire dans leur propre jus allongé
d'eau, de bouillon ou de vin. Les garnitures
contiennent presque toujours de l'oignon.
Cette recette est d'origine hongroise.*

SAVOIR S'ORGANISER

Vous pouvez préparer le sauté et la sauce 48 h à l'avance
— en suivant les étapes 1 et 2 de la recette — et les conserver
au réfrigérateur, dans un récipient couvert. Ajoutez la crème
fleurette juste avant de servir.

LE MARCHÉ

1 poulet de 1,5 kg
3 cuil. à soupe de paprika
sel et poivre
1 oignon moyen
1 cuil. à soupe d'huile végétale
15 g de beurre
25 cl de bouillon de volaille
4 poivrons rouges moyens
1 cuil. à soupe de purée de tomates
15 cl de crème fleurette

INGRÉDIENTS

poulet

poivrons   oignon
rouges

beurre   crème fleurette

huile   bouillon
végétale   de volaille

purée   paprika
de tomates

DÉROULEMENT

1 FAIRE SAUTER
   LE POULET

2 PRÉPARER
   LA SAUCE

1 FAIRE SAUTER LE POULET

1 Découpez le poulet en 6 morceaux (voir p. 29, mais ne séparez pas les cuisses en deux). Saupoudrez-les de paprika, de sel et de poivre, en tapotant pour bien les enrober. Hachez l'oignon (voir encadré ci-dessous).

2 Dans la sauteuse, chauffez l'huile et le beurre. Quand le mélange mousse, mettez-y les cuisses de poulet, peau vers le fond, et faites-les revenir environ 5 min. Ajoutez alors les blancs. Laissez rissoler de 10 à 15 min, puis retournez les morceaux pour qu'ils dorent de tous les côtés.

ATTENTION !

Ne laissez pas attacher le paprika car il prendrait un goût amer.

3 Repoussez les morceaux de poulet vers le bord de la sauteuse. Ajoutez l'oignon, mélangez-le à la graisse et faites-le fondre 3 min : il ne doit pas brunir. Répartissez à nouveau le poulet dans la sauteuse, versez la moitié du bouillon, couvrez et laissez mijoter de 15 à 25 min. Pendant ce temps, grillez, épépinez et découpez le poivron (voir encadré p. 40).

4 Assurez-vous que le poulet est cuit en piquant dans sa chair une fourchette à rôti : le jus qui s'écoule doit être incolore. Si certains morceaux sont cuits avant les autres, sortez-les et réservez au chaud.

HACHER UN OIGNON

1 Pelez l'oignon sans entailler la base pour qu'il ne se défasse pas. Coupez-le en deux. Posez la tranche d'une des moitiés sur la planche à découper. À l'aide d'un couteau chef, émincez le bulbe horizontalement en partant du sommet, sans entailler la base.

2 Émincez-le ensuite verticalement, toujours sans entailler la base.

ANNE VOUS DIT

«Quand vous émincez, utilisez la dernière phalange de vos doigts pour guider la lame du couteau.»

3 Hachez l'oignon en dés. Selon l'épaisseur des tranches, ceux-ci seront plus ou moins gros. Continuez jusqu'à ce qu'ils aient la taille désirée.

PELER, ÉPÉPINER ET ÉMINCER UN POIVRON

1 Placez le poivron de 10 à 12 min sous le gril du four allumé, en le retournant de temps en temps : sa peau va brunir et cloquer. Vous pouvez aussi le faire griller en le tenant à l'aide d'une fourchette à rôti au-dessus de la flamme d'une cuisinière. Enfermez-le alors dans un sachet en plastique (la vapeur piégée dans le sachet décolle la peau). Quand il est tiède, pelez-le.

2 Ôtez le pédoncule à l'aide d'un couteau. Coupez le poivron en deux et grattez les graines et les membranes blanches. Rincez-le à l'eau courante, puis séchez-le.

3 À l'aide d'un couteau chef, découpez les moitiés de poivron en lanières.

2 PRÉPARER LA SAUCE

1 Réservez au chaud les morceaux de poulet. Faites réduire le jus de cuisson en remuant sans arrêt, jusqu'à ce qu'il glace et se transforme en sirop. Ajoutez la purée de tomates, puis le reste du bouillon et portez à ébullition en remuant.

Les pâtes, nature et aux épinards, adoucissent le goût piquant de la sauce au paprika

2 Remettez tous les morceaux de poulet dans la sauteuse, puis ajoutez les lanières de poivron rouge, et laissez mijoter de 1 à 2 min.

3 Ajoutez presque toute la crème fleurette et chauffez doucement jusqu'à ce qu'elle soit mélangée à la sauce. Goûtez et rectifiez l'assaisonnement.

ATTENTION !
Ne laissez pas bouillir la sauce après y avoir ajouté la crème, car celle-ci caillerait.

🍽 POUR SERVIR

Disposez les morceaux de poulet sur des assiettes individuelles; recouvrez-les de lanières de poivron, nappez de sauce et décorez du reste de crème fleurette.

VARIANTE
SAUTÉ DE POULET À LA BIÈRE

*Dans cette recette, les saveurs piquantes
de la bière et du gin remplacent celles des épices.*

Des flageolets cuits
à l'eau et servis avec du beurre
et du persil accompagnent
parfaitement le poulet

**La sauce à la bière
et à la crème** est relevée
par du gin flambé

1 Découpez le poulet en suivant la recette principale.
Remplacez le paprika par 3 ou 4 cuil. à soupe de farine
assaisonnée (voir p. 56) et enrobez-en les morceaux de volaille.
2 Faites sauter les morceaux de poulet avec 2 oignons hachés
en suivant la recette principale, ajoutez 3 ou 4 cuil. à soupe
de gin, chauffez et flambez en approchant avec précaution
la flamme d'une allumette.
3 Ajoutez de la bière brune à la place du bouillon de volaille,
salez et poivrez. Poursuivez en suivant la recette principale;
en fin de cuisson, ôtez l'excès de graisse.
4 N'utilisez ni le poivron rouge, ni la purée de tomates,
mais ajoutez 4 cuil. à soupe de crème fleurette avant de servir.
5 Disposez les morceaux de poulet sur des assiettes
individuelles; décorez de quelques brins de persil ciselés.
6 Les fèves ou les flageolets, cuits à l'eau et servis avec un peu
de beurre et du persil haché, accompagnent bien le poulet.

VARIANTE
POULET SAUTÉ AU POIVRE DU SICHUAN

*Dans cette variante proche du traditionnel steak
au poivre, le poivre du Sichuan (poivre chinois)
remplace le paprika de la recette principale.*

Le riz sauvage
et le riz blanc
se marient bien
pour adoucir ce plat

1 Grillez 30 g de grains de poivre du Sichuan
de 3 à 5 min dans une petite poêle sèche, à feu
très doux, en remuant sans arrêt, jusqu'à ce
qu'ils dégagent tout leur arôme.
2 Mettez les grains de poivre
dans un sachet en plastique
et concassez-les finement
à l'aide d'un rouleau à pâte.
Vous pouvez également utiliser
un moulin à poivre.
3 Découpez le poulet en suivant la
recette principale. Remplacez le paprika
par le poivre et enrobez-en les morceaux
de volaille.
4 Faites sauter les morceaux de poulet, ajoutez l'oignon haché
et le bouillon de volaille en suivant la recette principale;
n'utilisez pas les poivrons.
5 Pour préparer la sauce, faites réduire le jus de cuisson à feu
vif. Ajoutez-y le reste du bouillon et portez de nouveau
à ébullition. N'utilisez pas la purée de tomates. Remplacez
la crème fleurette par de la crème épaisse et laissez bouillir
la sauce de 1 à 2 min en remuant, jusqu'à ce qu'elle épaississe
légèrement. Goûtez et rectifiez l'assaisonnement.
6 Servez avec un mélange de riz blanc et de riz sauvage.

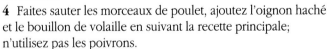

POULET EN COCOTTE
AU CITRON ET AU PARMESAN

 POUR 4 PERSONNES PRÉPARATION : DE 15 À 20 MIN   CUISSON : DE 45 À 55 MIN

ÉQUIPEMENT

grande cocotte en
fonte, avec couvercle

casserole

ciseaux
à volaille

couteau d'office

couteau
à désosser

couteau-
éplucheur

cuiller en métal

grande cuiller
en métal

fourchette à rôti

aiguille à brider
et ficelle

fouet

papier absorbant

plat
peu profond

planche à découper

chinois

aluminium ménager

petit bol

Ces jeunes poulets, cuits entiers en cocotte
à l'étouffée, restent très tendres. Le jus de cuisson
est la base de la sauce à la crème fraîche,
aux zestes de citron et au parmesan.
Servez ce plat accompagné d'un mélange
de petits légumes croquants.

SAVOIR S'ORGANISER

Vous pouvez cuire les poulets 24 h à l'avance
et les conserver avec leur jus de cuisson au réfrigérateur,
dans un récipient couvert. Réchauffez-les au four, à 180 °C,
de 20 à 25 min. Préparez la sauce juste avant de servir.

LE MARCHÉ

2 poulets de 1 kg	
sel et poivre	
2 citrons	
50 g de beurre	
Pour la sauce	
15 cl de bouillon de volaille	
15 cl de crème épaisse	
1 cuil. à café d'arrow-root	
1 cuil. à soupe d'eau	
30 g de parmesan râpé	

INGRÉDIENTS

poulets

citrons

beurre

crème
épaisse

bouillon de volaille

arrow-root

parmesan

DÉROULEMENT

1 CUIRE
  LES POULETS

2 PRÉPARER
  LA SAUCE

3 COUPER
  LES POULETS
  ET SERVIR

42

BRIDER UN POULET

1 Séchez l'intérieur du poulet avec du papier absorbant. Salez-le et poivrez-le à l'intérieur comme à l'extérieur.

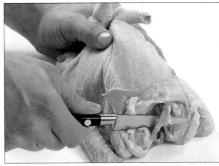

2 Ôtez le bréchet à l'aide d'un couteau d'office.

3 Couchez le poulet sur le dos. Tirez les cuisses vers l'arrière et vers le bas. Piquez une aiguille à brider au niveau de l'articulation, passez-la à travers le corps et faites-la ressortir de l'autre côté.

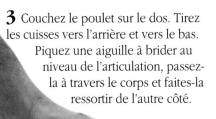

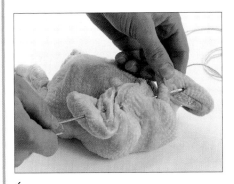

4 Retournez le poulet sur le ventre. Tirez la peau pour recouvrir la cavité du cou et rabattez les ailerons. Piquez l'aiguille à brider sur laquelle vous aurez enfilé de la ficelle à travers l'un des ailerons repliés et dans la peau du cou. Poussez-la en la glissant sous la colonne vertébrale et faites-la ressortir à travers le second aileron.

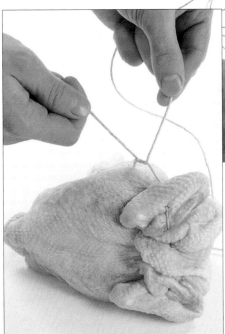

D'une main, tenez fermement les cuisses

5 Couchez le poulet sur le côté. Tirez fermement sur les extrémités de la ficelle et nouez-les solidement. Remettez la volaille sur le dos. Rentrez le croupion à l'intérieur du corps, rabattez la peau sur la cavité et passez l'aiguille à brider à travers.

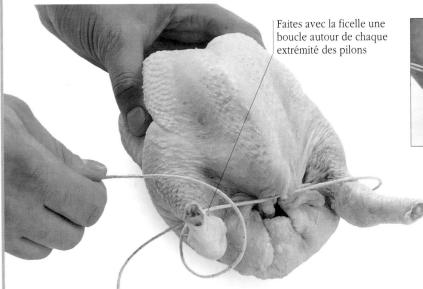

Faites avec la ficelle une boucle autour de chaque extrémité des pilons

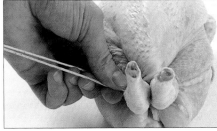

6 En glissant la ficelle sous la poitrine, faites une boucle autour de chacun des pilons. Nouez les extrémités.

ANNE VOUS DIT
«Bridés, les poulets se tiennent mieux et sont ensuite plus faciles à découper.»

1 CUIRE LES POULETS

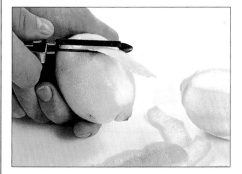

1 Préchauffez le four à 190 °C. Bridez les poulets (voir encadré p. 43). Prélevez le zeste des citrons avec le couteau-éplucheur.

2 Chauffez le beurre dans la cocotte. Déposez-y un des poulets et faites-le dorer de tous les côtés de 5 à 10 min, sortez-le et mettez-le sur un plat peu profond. Procédez de la même façon avec l'autre poulet.

3 Remettez le premier poulet dans la cocotte. Ajoutez les zestes de citron, couvrez et enfournez. Pendant la cuisson, retournez les poulets de temps en temps afin qu'ils cuisent de tous les côtés.

ANNE VOUS DIT
«Au lieu de cuire les poulets au four, vous pouvez les faire rôtir à feu doux dans la cocotte.»

Répartissez bien les zestes sur les deux poulets

4 Au bout de 30 à 40 min, soulevez les volailles à l'aide de la fourchette à rôti et inclinez-les au-dessus de la cocotte : elles sont cuites à point lorsque le jus qui s'en écoule est incolore. Posez les poulets cuits sur la planche à découper, enveloppez-les dans de l'aluminium ménager et tenez-les au chaud.

2 PRÉPARER LA SAUCE AU FROMAGE

Choisissez un chinois qui s'adapte bien à la casserole : vous garderez ainsi les mains libres pour tenir la cocotte

1 Ôtez l'excès de graisse de la cocotte. Versez le bouillon de volaille et portez à ébullition en remuant pour dissoudre les sucs.

2 Faites réduire le mélange 5 min à feu vif. Versez-le dans la casserole.

3 Ajoutez la crème, fouettez puis chauffez jusqu'à léger frémissement.

4 Dans un petit bol, diluez l'arrow-root dans l'eau jusqu'à obtenir une pâte lisse. En fouettant sans arrêt, versez dans la casserole une quantité suffisante de ce mélange pour lier la sauce : celle-ci doit napper légèrement le dos d'une cuiller.

Ajoutez suffisamment d'arrow-root dilué pour lier la sauce

5 Retirez la casserole du feu; ajoutez le parmesan râpé en mélangeant au fouet. Goûtez et rectifiez l'assaisonnement. Tenez au chaud.

ATTENTION !
Ne laissez pas la sauce bouillir lorsque vous ajoutez le parmesan, sinon il fera des fils.

3 COUPER LES POULETS ET SERVIR

Tenez fermement
le poulet avec
une fourchette à rôti

Des ciseaux à volaille
permettent d'ouvrir
la carcasse plus
facilement
qu'un couteau

2 À l'aide des ciseaux à volaille,
ouvrez la carcasse. Retournez le
poulet, dégagez la colonne vertébrale
et retirez-la. Procédez de la même
façon avec le second poulet.

1 Retirez les ficelles qui ont servi
à brider un des poulets. Posez
la volaille sur la planche à découper.
Glissez la lame du couteau à désosser
de part et d'autre de la cage thoracique
pour en détacher les blancs.

POUR SERVIR
Disposez chaque demi-poulet
sur une assiette individuelle
et nappez-le de quelques
cuillerées de sauce.

**Des légumes croquants,
sautés à feu vif,** se marient
bien avec le poulet tendre
légèrement nappé
de sauce

**Un jeune poulet coupé
en deux** convient parfaitement
pour une personne; ainsi, chaque
convive a une aile et une cuisse

La sauce crémeuse dégage
un riche parfum de parmesan

POULET EN COCOTTE AU CITRON ET AU PARMESAN

VARIANTE
POULET AU THYM

Dans cette recette, des brins de thym remplacent les zestes de citron et parfument délicatement le poulet.

1 Cuisez le poulet en suivant la recette principale, mais en remplaçant le citron par 3 ou 4 brins de thym.
2 Préparez la sauce, mais n'utilisez pas de fromage.
3 Vous pouvez décorer le poulet de thym frais finement ciselé. Des bouquets de brocolis et une julienne de courgettes lui apporteront toutes leurs saveurs.

VARIANTE
POULET EN COCOTTE
AUX BAIES DE GENIÈVRE
ET AUX CHAMPIGNONS

Le parfum rustique des baies de genièvre et des champignons sauvages relève encore la saveur du poulet.

1 Mettez 2 ou 3 cuil. à soupe de baies de genièvre dans un sachet en plastique et concassez-les grossièrement à l'aide d'un rouleau à pâte.
2 Cuisez le poulet en suivant la recette principale, mais en remplaçant les zestes de citron par les baies de genièvre.
3 Coupez le bout terreux de 250 g de champignons sauvages frais,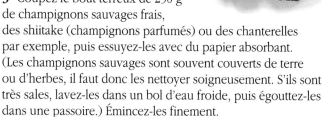
des shiitake (champignons parfumés) ou des chanterelles par exemple, puis essuyez-les avec du papier absorbant. (Les champignons sauvages sont souvent couverts de terre ou d'herbes, il faut donc les nettoyer soigneusement. S'ils sont très sales, lavez-les dans un bol d'eau froide, puis égouttez-les dans une passoire.) Émincez-les finement.

4 Dans une poêle, faites revenir les champignons salés et poivrés dans 30 g de beurre, jusqu'à ce qu'ils soient tendres.
5 Préparez la sauce en suivant la recette principale, mais n'utilisez pas de fromage. Lorsqu'elle est suffisamment liée, ajoutez-y les champignons.

HAUTS DE CUISSE DE POULET GRILLÉS AU YAOURT

🍽 POUR 4 PERSONNES   🥣 PRÉPARATION : DE 20 À 25 MIN*   ♨ CUISSON : DE 15 À 20 MIN

ÉQUIPEMENT

papier absorbant

robot ménager**

plat
peu profond

pinceau
à pâtisserie

couteau chef

palette

fourchette à rôti

cuiller en bois

planche à découper

petite
casserole

grille
et lèchefrite

grand bol

INGRÉDIENTS

hauts de cuisse
de poulet

gousses
d'ail

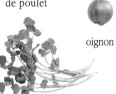
oignon

coriandre fraîche

yaourt entier

coriandre
en poudre

crème
fleurette

huile
végétale

Dans cette recette traditionnelle d'Europe de l'Est, le yaourt entier attendrit la chair de la volaille, lie et enrichit la sauce. Pendant les mois d'été, vous apprécierez de griller le poulet au barbecue, en plein air. Les hauts de cuisse se servent nappés de sauce à la coriandre.

*plus 3 à 4 h de marinage

SAVOIR S'ORGANISER

Vous pouvez préparer la sauce 24 h à l'avance
et la conserver au réfrigérateur, dans un récipient couvert.
Réchauffez-la à feu doux car l'ébullition la délierait.
Le poulet sera meilleur s'il marine 24 h,
mais vous ne le grillerez qu'au dernier moment.

LE MARCHÉ

8 hauts de cuisse de poulet
25 cl de yaourt entier
sel et poivre
huile végétale pour graisser la grille
Pour la sauce
1 oignon de taille moyenne
2 gousses d'ail
2 cuil. à soupe d'huile végétale
2 cuil. à soupe de coriandre en poudre
25 cl de yaourt entier
quelques brins de coriandre fraîche
15 cl de crème fleurette

DÉROULEMENT

1 APPRÊTER
LE POULET

2 GRILLER
LES HAUTS DE CUISSE

3 PRÉPARER
LA SAUCE

** ou mixeur

APPRÊTER LE POULET

1 Mettez les hauts de cuisse de poulet dans un grand bol et recouvrez-les de yaourt entier. Salez et poivrez selon votre goût.

Battez le yaourt pour le lisser avant de le verser sur le poulet

2 Enrobez bien de yaourt les hauts de cuisse en remuant avec vos mains. Couvrez le bol hermétiquement et laissez mariner au réfrigérateur 3 h au moins.

3 Allumez le gril du four et huilez la grille à l'aide du pinceau. Retirez les morceaux de poulet du bol; grattez le yaourt avec la palette et jetez-le.

Utilisez une palette pour bien enlever tout le yaourt

4 Séchez les hauts de cuisse dans du papier absorbant, puis posez-les sur la grille huilée.

PELER ET HACHER UNE GOUSSE D'AIL

1 Appuyez fortement le talon de vos mains sur la tête d'ail pour dégager les gousses. Vous pouvez aussi les sortir une à une avec les doigts.

2 Pour décoller la peau, posez le plat du couteau sur la gousse d'ail et appuyez avec le poing. Pelez-la ensuite avec les doigts.

3 Posez le plat du couteau au sommet de la gousse et tapez avec le poing, puis hachez-la finement en basculant la lame d'avant en arrière.

2 GRILLER LES HAUTS DE CUISSE

1 Placez la grille dans le four, à 10 cm environ sous la source de chaleur. Faites cuire les hauts de cuisse de 8 à 10 min, puis retournez-les.

2 Poursuivez la cuisson de 7 à 10 min et préparez la sauce pendant ce temps : les hauts de cuisse doivent être très grillés. Assurez-vous qu'ils sont cuits en piquant dans leur chair la fourchette à rôti : le jus qui s'écoule doit être incolore.

3 PRÉPARER LA SAUCE À LA CORIANDRE

La coriandre en poudre relève le plat et lui donne une délicieuse saveur sucrée

1 Hachez finement l'oignon et l'ail (voir encadré ci-contre). Dans la casserole, chauffez l'huile, puis faites-y revenir l'oignon jusqu'à ce qu'il blondisse.

2 Ajoutez la coriandre en poudre et l'ail. Poursuivez la cuisson à feu vif de 2 à 3 min en remuant sans arrêt.

3 Mélangez la préparation à l'oignon et le yaourt à l'aide du robot ménager. Ajoutez la coriandre fraîche et faites tourner l'appareil jusqu'à ce qu'elle soit parfaitement hachée.

4 Versez le mélange dans la casserole. Ajoutez la crème fleurette, salez et poivrez. Chauffez en remuant sans arrêt. Goûtez, rectifiez l'assaisonnement et tenez au chaud.

ATTENTION !

Ne laissez pas bouillir une sauce qui contient du yaourt ou de la crème fleurette : ceux-ci cailleraient.

🍽 POUR SERVIR

Disposez les hauts de cuisse — deux par personne — sur des assiettes chaudes et nappez-les de quelques cuillerées de sauce.

Des feuilles de menthe fraîche apporteront une touche de couleur à ce plat

Un taboulé frais se marie très bien avec le poulet épicé

V A R I A N T E

HAUTS DE CUISSE GRILLÉS AU YAOURT ET AU MIEL

1 Faites mariner le poulet en suivant la recette principale, mais en ajoutant au yaourt 2 cuil. à soupe de miel et 1 cuil. à café de gingembre en poudre.

2 Étalez 60 g de pignons sur une plaque à pâtisserie. Mettez-les au four à 190 °C de 5 à 8 min, jusqu'à ce qu'ils soient bien dorés.

3 Grillez le poulet en suivant la recette principale, mais sans sécher les morceaux. Pendant la cuisson, badigeonnez plusieurs fois les hauts de cuisse avec le reste de la marinade.

4 Préparez la sauce en suivant la recette principale, mais n'utilisez pas la coriandre fraîche, ni la coriandre en poudre. Une fois le robot arrêté, ajoutez la crème fleurette et 75 g de raisins secs. Réchauffez.

5 Disposez les hauts de cuisse sur des assiettes individuelles. Décorez avec les pignons grillés.

6 Servez la sauce séparément ou dans des feuilles de laitue.

7 Une salade verte constitue un accompagnement agréable.

BOULETTES DE POULET POJARSKI

Kuritsa Pojarski

¶○¶ POUR 4 PERSONNES   🥣 PRÉPARATION : DE 35 À 40 MIN   🍲 CUISSON : DE 40 À 50 MIN

ÉQUIPEMENT

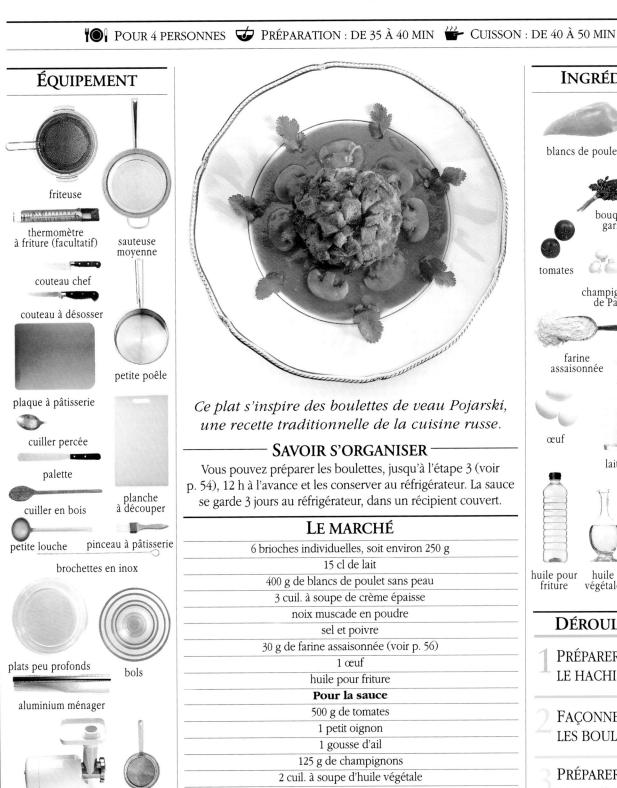

- friteuse
- thermomètre à friture (facultatif)
- sauteuse moyenne
- couteau chef
- couteau à désosser
- petite poêle
- plaque à pâtisserie
- cuiller percée
- palette
- planche à découper
- cuiller en bois
- petite louche
- pinceau à pâtisserie
- brochettes en inox
- plats peu profonds
- bols
- aluminium ménager
- hachoir*
- chinois
- *ou robot ménager

Ce plat s'inspire des boulettes de veau Pojarski, une recette traditionnelle de la cuisine russe.

SAVOIR S'ORGANISER

Vous pouvez préparer les boulettes, jusqu'à l'étape 3 (voir p. 54), 12 h à l'avance et les conserver au réfrigérateur. La sauce se garde 3 jours au réfrigérateur, dans un récipient couvert.

LE MARCHÉ

6 brioches individuelles, soit environ 250 g
15 cl de lait
400 g de blancs de poulet sans peau
3 cuil. à soupe de crème épaisse
noix muscade en poudre
sel et poivre
30 g de farine assaisonnée (voir p. 56)
1 œuf
huile pour friture
Pour la sauce
500 g de tomates
1 petit oignon
1 gousse d'ail
125 g de champignons
2 cuil. à soupe d'huile végétale
1 cuil. à soupe de purée de tomates
1 bouquet garni
sucre en poudre

INGRÉDIENTS

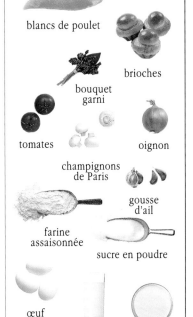

- blancs de poulet
- brioches
- bouquet garni
- tomates
- oignon
- champignons de Paris
- gousse d'ail
- farine assaisonnée
- sucre en poudre
- œuf
- lait
- crème épaisse

- purée de tomates
- huile pour friture
- huile végétale
- noix muscade en poudre

DÉROULEMENT

1 PRÉPARER LE HACHIS

2 FAÇONNER ET CUIRE LES BOULETTES

3 PRÉPARER LA SAUCE

1 PRÉPARER LE HACHIS DE POULET

1 Avec le couteau chef, découpez 4 brioches en dés et réservez-les. Rompez les 2 autres brioches en gros morceaux et mettez-les dans un bol moyen.

Vous pouvez remplacer les brioches par du pain de mie, des petits pains au lait ou même du simple pain blanc

2 Versez le lait dans le bol et laissez tremper les morceaux de brioche 5 min. Puis enlevez l'excès de liquide en les pressant dans vos mains.

3 Enlevez le tendon de chaque blanc de poulet (voir encadré ci-dessous). Coupez la chair en morceaux, mélangez-la aux dés de brioche, puis passez-la dans le hachoir.

ENLEVER LE TENDON D'UN BLANC DE POULET

ANNE VOUS DIT

«Si vous utilisez un robot ménager, ne hachez pas la chair trop finement.»

4 Ajoutez la crème, une pincée de noix muscade, du sel et du poivre, et mélangez le hachis à l'aide de la cuiller en bois.

Glissez un couteau à désosser sous le tendon, au milieu du blanc, et soulevez-le pour l'enlever. Le filet ne doit pas se détacher du reste de la chair.

5 Pour vérifier l'assaisonnement, faites frire une croquette du mélange dans la poêle et goûtez-la. Rajoutez éventuellement du sel et du poivre.

2 FAÇONNER ET CUIRE LES BOULETTES

1 Roulez 4 boules de hachis entre vos mains humides, puis aplatissez-les. Passez-les dans la farine assaisonnée en les tapotant pour bien les enrober. Badigeonnez-les ensuite avec l'œuf battu à l'aide du pinceau à pâtisserie.

2 Recouvrez entièrement les boulettes de dés de brioche. Laissez-les reposer au réfrigérateur environ 30 min.

Les boulettes ne doivent pas se toucher dans la friteuse : faites-les éventuellement cuire en deux fournées

3 Préchauffez le four à 190 °C. Chauffez l'huile de la friteuse à 180 °C. Plongez-y 1 ou 2 boulettes et laissez-les dorer de 2 à 3 min.

ANNE VOUS DIT
«Quand l'huile est à bonne température, un morceau de pain plongé dans la friteuse dore en 1 min.»

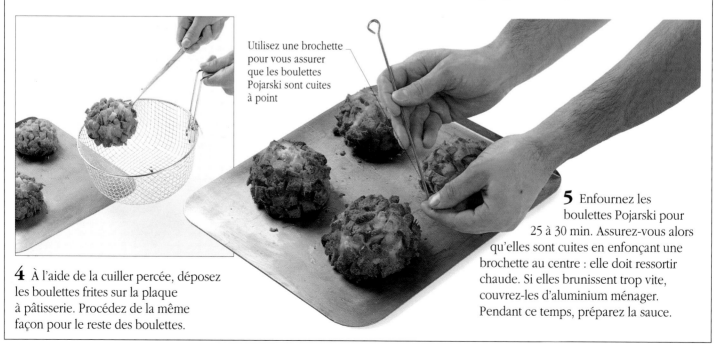

Utilisez une brochette pour vous assurer que les boulettes Pojarski sont cuites à point

4 À l'aide de la cuiller percée, déposez les boulettes frites sur la plaque à pâtisserie. Procédez de la même façon pour le reste des boulettes.

5 Enfournez les boulettes Pojarski pour 25 à 30 min. Assurez-vous alors qu'elles sont cuites en enfonçant une brochette au centre : elle doit ressortir chaude. Si elles brunissent trop vite, couvrez-les d'aluminium ménager. Pendant ce temps, préparez la sauce.

3 PRÉPARER LA SAUCE AUX TOMATES ET AUX CHAMPIGNONS

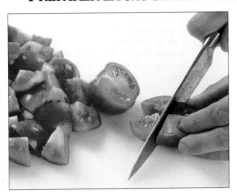

1 Hachez les tomates, l'oignon et la gousse d'ail. Émincez les champignons.

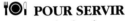

Pressez bien à l'aide de la louche

2 Chauffez 1 cuil. à soupe d'huile végétale dans la sauteuse puis faites-y fondre l'oignon de 2 à 3 min. Ajoutez les tomates, la purée de tomates, l'ail, le bouquet garni, du sel, du poivre et une pincée de sucre. Laissez mijoter de 8 à 10 min en remuant de temps en temps.

3 Passez la préparation à travers le chinois au-dessus d'un bol, en pressant avec la petite louche pour extraire les sucs et la pulpe.

🍴 POUR SERVIR
Disposez les boulettes Pojarski sur des assiettes chaudes et nappez-les de sauce. Servez-les accompagnées de blinis.

4 Essuyez la sauteuse. Chauffez-y 1 cuil. à soupe d'huile et faites revenir les champignons jusqu'à ce qu'ils soient tendres, mais pas bruns. Ajoutez la sauce, goûtez et rectifiez l'assaisonnement.

VARIANTE

BOULETTES POUR COCKTAIL

Ces amuse-gueule se servent décorés de feuilles de salade et d'olives noires.

1 Suivez la recette principale mais coupez les brioches en dés plus petits et formez des boulettes de 2,5 cm de diamètre seulement.
2 Poursuivez en suivant la recette principale : il suffit de 5 à 10 min pour cuire les petites boulettes Pojarski au four.
3 Servez les boulettes sans la sauce, sur des piques à cocktail.

Des herbes fraîches ou des feuilles de salade décorent le plat

SAUTÉ DE POULET AUX MOULES

🍽 POUR 4 PERSONNES   🥣 PRÉPARATION : DE 30 À 35 MIN   ♨ CUISSON : DE 40 À 50 MIN

ÉQUIPEMENT

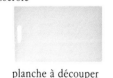

brosse dure

couteau d'office

grande sauteuse
avec couvercle

passoire

couteau chef

fourchette à rôti

cuiller percée

cuiller en bois

plat peu profond

grande
casserole

planche à découper

aluminium ménager

La farine assaisonnée
*sert à enrober la viande
avant de la faire sauter
ou frire. Pour un poulet de
1,5 à 1,8 kg en morceaux,
mélangez 30 g de farine,
1 cuil. à café de sel et
1/2 cuil. à café de poivre.*

---

*Le mélange de poulet et de moules peut paraître
surprenant, mais il est en fait délicieux, et il a
un goût assez proche de celui de la paella. Le jus
des moules, cuites à la vapeur, parfume les autres
ingrédients. La chair orangée des coquillages,
le noir bleuté des coquilles, le vert vif
de la ciboulette et des haricots tendres
et croquants colorent agréablement ce plat.*

SAVOIR S'ORGANISER
Vous pouvez préparer le poulet, jusqu'à l'étape 2,
48 h à l'avance et le conserver au réfrigérateur, avec sa sauce au
vin, dans un récipient couvert. Les haricots verts et les moules
seront meilleurs si vous les ajoutez au dernier moment.

LE MARCHÉ

1 poulet de 1,5 kg
30 g de farine assaisonnée (voir encadré à gauche)
1 cuil. à soupe d'huile végétale
15 g de beurre
4 cuil. à soupe de vin blanc sec
400 g de haricots verts
18 ou 24 moules
15 cl de bouillon de volaille
1 petit bouquet de ciboulette fraîche
sel et poivre

INGRÉDIENTS

poulet

moules

farine assaisonnée

beurre

haricots verts

bouillon
de volaille

ciboulette
fraîche

huile
végétale

vin
blanc

DÉROULEMENT

1 FAIRE SAUTER
LE POULET

2 CUIRE
LES HARICOTS VERTS

3 NETTOYER
LES MOULES

4 TERMINER
LE PLAT

56

1 **FAIRE SAUTER LE POULET**

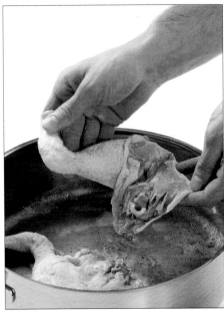

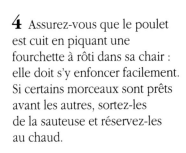

4 Assurez-vous que le poulet est cuit en piquant une fourchette à rôti dans sa chair : elle doit s'y enfoncer facilement. Si certains morceaux sont prêts avant les autres, sortez-les de la sauteuse et réservez-les au chaud.

1 Découpez le poulet en six (voir p. 29, mais ne séparez pas les cuisses en deux). Mettez la farine assaisonnée dans un plat peu profond. Roulez-y les morceaux de poulet en les tapotant pour bien les enrober.

2 Chauffez l'huile et le beurre dans la sauteuse à feu modéré; quand le mélange mousse, faites-y revenir 5 min les cuisses de poulet, peau vers le fond. Ajoutez les ailes coupées en deux et laissez-les rissoler doucement de 10 à 15 min, jusqu'à ce que tous les morceaux aient pris une belle couleur. Puis retournez-les pour les dorer de l'autre côté.

Des bords droits et bas laissent la vapeur s'échapper

3 Versez le vin dans la sauteuse. Couvrez et laissez mijoter de 10 à 20 min, jusqu'à ce que le poulet soit tendre. Pendant ce temps, préparez les haricots verts et les moules (voir p. 58).

Le fond doit être épais pour que la chaleur se répartisse bien dans la sauteuse

ATTENTION !
Avec une fourchette à rôti, vous garderez les doigts éloignés de la chaleur et de la vapeur.

2 CUIRE LES HARICOTS VERTS

1 Équeutez les haricots verts, mettez-les dans la passoire et rincez-les sous un filet d'eau froide.

2 Dans la grande casserole, portez à ébullition de l'eau salée. Faites-y cuire les haricots verts de 5 à 8 min s'ils sont de taille moyenne (des légumes plus petits ne cuiront que 3 à 4 min; s'ils sont plus gros, il leur faudra 12 min).

3 Versez les haricots verts dans la passoire, rincez-les sous un filet d'eau froide pour interrompre leur cuisson, égouttez-les de nouveau.

3 NETTOYER LES MOULES

1 Brossez les moules avec la brosse dure sous un filet d'eau froide. Jetez celles dont la coquille est cassée ou qui ne se ferment pas quand vous les tapotez. À l'aide du couteau d'office, grattez les parasites accrochés aux coquilles. Arrachez tous les filaments qui dépassent.

ANNE VOUS DIT

«Pour éliminer facilement les parasites accrochés aux coquilles, frottez deux moules l'une contre l'autre.»

Les moules doivent être bien fermées

Arrachez le byssus qui permet aux moules de se fixer aux poteaux ou aux cordages pendant leur croissance

ATTENTION !

Jetez les moules dont les coquilles sont brisées et celles qui ne sont pas fermées. Après la cuisson, jetez toutes celles qui ne se sont pas ouvertes.

4 TERMINER LE PLAT

1 Mettez les moules dans la sauteuse, sur les morceaux de poulet. Couvrez et laissez mijoter 5 min à découvert, jusqu'à ce que les coquilles soient ouvertes.

2 À l'aide de la cuiller percée et de la fourchette à rôti, mettez le poulet et les moules dans le plat à rôtir. Couvrez d'aluminium ménager et tenez au chaud à four doux. Versez le bouillon de volaille dans la sauteuse et réduisez la sauce de 3 à 5 min, en remuant, jusqu'à ce qu'elle glace et se transforme en sirop.

Sortez le poulet et les moules de la sauteuse pour pouvoir préparer la sauce

3 Remettez le poulet, les moules et les haricots verts dans la sauteuse avec la ciboulette ciselée, et laissez mijoter de 2 à 3 min. Goûtez et rectifiez l'assaisonnement.

V A R I A N T E
POULET AUX COQUES

Ici, le poulet est cuisiné avec des coques fraîches; vous en trouverez facilement chez les bons poissonniers.

1 Remplacez les moules par la même quantité de coques. Nettoyez-les et faites-les cuire en suivant la recette principale.
2 Pour servir, décorez les morceaux de poulet de 2 à 3 brins de ciboulette.
3 Du riz simplement cuit à l'eau accompagne parfaitement ce plat.

🍽 POUR SERVIR
Disposez les morceaux de poulet, les moules et les haricots verts sur des assiettes individuelles. Nappez généreusement de sauce.

Les moules cuites à la vapeur sont délicieuses avec le poulet

ROULADES AUX HERBES ET AU FROMAGE DE CHÈVRE

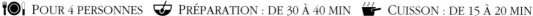

⚙ POUR 4 PERSONNES   **⌣ PRÉPARATION : DE 30 À 40 MIN**   **⌣ CUISSON : DE 15 À 20 MIN**

ÉQUIPEMENT

couteau chef

couteau à désosser

bol moyen

rouleau à pâte

fourchette

cuiller en métal

grande sauteuse

cuiller percée

ciseaux de cuisine

palette

fouet

petite casserole

planche à découper

brochette en inox

papier sulfurisé

papier absorbant

aluminium ménager

Les blancs de poulet sont ici aplatis en escalopes, farcis d'herbes et de fromage de chèvre, roulés puis pochés en papillote. Le vert de la garniture dessine une spirale qui leur vaut leur nom de roulades. Pour un repas équilibré, accompagnez la sauce au beurre et à la tomate de légumes simplement cuits à la vapeur.

SAVOIR S'ORGANISER

Vous pouvez préparer les roulades de poulet 24 h à l'avance et les conserver au réfrigérateur, dans leur papillote. Réchauffez-les de 7 à 10 min dans une casserole d'eau frémissante. Ne les y laissez pas trop longtemps, elles durciraient.

LE MARCHÉ

4 beaux blancs de poulet sans peau, soit environ 750 g
1 petit bouquet de basilic frais
1 petit bouquet de persil frais
3 brins de thym frais
125 g de fromage de chèvre
2 ou 3 cuil. à soupe de crème fleurette (facultatif)
jus de 1/2 citron
sel et poivre
Pour la sauce
3 échalotes
25 cl de vin blanc sec
125 g de beurre
1 cuil. à soupe de purée de tomates

INGRÉDIENTS

fromage de chèvre

blancs de poulet

thym frais

basilic frais

purée de tomates

vin blanc

échalotes

crème fleurette

beurre

persil frais

jus de citron

DÉROULEMENT

1. **APPRÊTER LES BLANCS DE POULET**

2. **FARCIR LES BLANCS DE POULET**

3. **POCHER LES ROULADES**

4. **PRÉPARER LA SAUCE**

5. **TERMINER LE PLAT**

1 APPRÊTER LES BLANCS DE POULET

1 Enlevez le tendon de chaque blanc de poulet en le soulevant avec le couteau à désosser. Détachez ensuite le filet en le tirant vers vous. Réservez les 4 filets.

2 À l'aide du couteau chef, fendez un blanc en épaisseur sur les 3/4 de sa largeur. Appuyez fermement avec la paume de la main du côté non ouvert, puis ouvrez le blanc, comme si c'était un livre, et posez-le entre 2 feuilles de papier sulfurisé humide. Procédez de la même façon pour les autres blancs.

3 Avec le rouleau à pâte, aplatissez les blancs ouverts afin d'obtenir des escalopes d'épaisseur régulière.

ANNE VOUS DIT
«Vous pouvez aussi aplatir les blancs de poulet à l'aide d'une batte à côtelettes.»

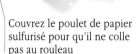

Couvrez le poulet de papier sulfurisé pour qu'il ne colle pas au rouleau

2 FARCIR LES BLANCS DE POULET

1 Hachez le basilic, le persil et le thym à l'aide du couteau chef.

Ajoutez de la crème si le fromage est trop sec

2 Mettez le fromage dans le bol après l'avoir débarrassé de sa croûte et écrasez-le avec une fourchette ou émiettez-le entre vos doigts; s'il est trop sec, amollissez-le avec la crème.

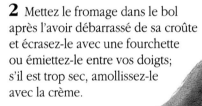

3 Ajoutez les herbes, le jus de citron, du sel et du poivre. Mélangez bien. Goûtez et rectifiez l'assaisonnement.

ANNE VOUS DIT
«Les fromages de chèvre frais sont suffisamment crémeux pour s'écraser. S'ils sont un peu trop vieux et plus secs, ajoutez de la crème afin de pouvoir étaler facilement la préparation.»

4 Retirez les feuilles de papier sulfurisé qui recouvrent l'un des blancs de poulet. À l'aide de la palette, étalez régulièrement un quart de la préparation au fromage et aux herbes au centre de l'escalope.

N'allez pas jusqu'au bord de l'escalope pour que la farce ne s'échappe pas lorsque vous formerez les roulades

Étalez une fine couche de farce au fromage de chèvre et aux herbes sur le blanc de poulet aplati

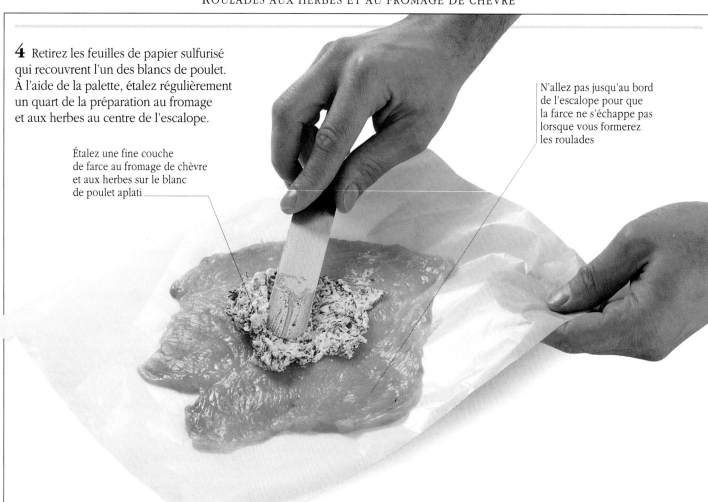

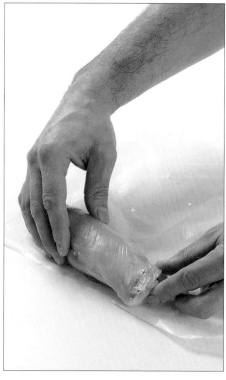

5 Déposez le filet sur la farce près d'un des bords et décollez l'escalope du papier.

6 Roulez l'escalope en commençant par le côté où se trouve le filet.

7 Repliez les extrémités de la roulade pour enfermer la farce. Procédez de la même façon pour les autres blancs.

3 POCHER LES ROULADES

1 Découpez un morceau d'aluminium ménager assez grand pour bien envelopper la roulade. Mettez le côté brillant sur le plan de travail et posez l'escalope roulée.

2 Enveloppez-la dans la feuille d'aluminium en un cylindre serré, en lissant le papier au fur et à mesure pour qu'il reste tendu.

3 Fermez la papillote en tortillant ses extrémités. Procédez de la même façon pour les autres blancs.

4 Remplissez à moitié la grande casserole d'eau et portez à ébullition. Avec la cuiller percée, déposez les papillotes dans l'eau pour 15 min environ. Assurez-vous alors qu'elles sont cuites en piquant une brochette en inox à travers l'aluminium : elle doit ressortir chaude. Retirez du feu mais laissez les papillotes dans l'eau pendant que vous préparez la sauce.

Laissez les papillotes dans l'eau pour qu'elles restent chaudes

4 PRÉPARER LA SAUCE AU BEURRE ET À LA TOMATE

2 Retirez du feu. Incorporez le beurre à la sauce par petits morceaux, en remettant à chaque fois la casserole sur le feu. Ne laissez pas bouillir : le beurre doit épaissir le mélange sans se transformer en huile.

1 Hachez finement les échalotes. Mettez-les dans la petite casserole avec le vin, salez et poivrez. Réduisez la sauce à feu vif jusqu'à ce qu'elle glace et se transforme en sirop.

Incorporez le beurre morceau par morceau, en le laissant fondre à chaque fois

3 Ajoutez la purée de tomates en fouettant la préparation, puis goûtez et rectifiez l'assaisonnement.

ATTENTION !

Une sauce au beurre se défait dès que la chaleur est trop vive. Si vous voulez la servir un peu plus tard (30 min au maximum), mettez la petite casserole dans une casserole d'eau chaude plus grande, mais hors du feu. Fouettez de temps en temps.

5 TERMINER LE PLAT

Avec un couteau aiguisé, vous découperez des tranches nettes sans écraser la roulade ni sa farce

1 Sortez les papillotes de la casserole à l'aide de la cuiller percée ou d'une écumoire. Posez-les sur une feuille de papier absorbant et ouvrez-les délicatement.

2 À l'aide du couteau chef, découpez chaque roulade en tranches de 1 cm d'épaisseur.

VARIANTE

ROULADES DE POULET À L'ITALIENNE

Les escalopes de poulet sont farcies de jambon de Parme et de fontina, un fromage italien au goût de noisette.

3 Nappez de sauce des assiettes individuelles chaudes; posez-y les tranches de roulade et servez.

1 Apprêtez les escalopes de poulet en suivant la recette principale.

2 Recouvrez chaque escalope avec une belle tranche fine, ou deux plus petites, de jambon de Parme.

3 Détaillez 125 g de fontina en fines lamelles, après l'avoir débarrassé de sa croûte. Étendez-les sur le bord le plus long des escalopes et posez le filet par-dessus.

4 Formez les roulades, enveloppez-les d'aluminium ménager et pochez-les en suivant la recette principale.

5 Préparez la sauce au beurre, mais n'utilisez pas la purée de tomates.

6 Pour servir, passez la sauce à travers un chinois et récupérez les échalotes. Décorez-en les assiettes et rajoutez de petits dés de courgette cuite à la vapeur.

Un éventail de courgette constitue une décoration simple et élégante

Des tomates cerises et une feuille de menthe apportent une touche de couleur dans les assiettes

POULET SAUTÉ À L'ORIENTALE

🍽 POUR 4 PERSONNES 🥣 PRÉPARATION : DE 15 À 20 MIN* 🍲 CUISSON : DE 10 À 12 MIN

ÉQUIPEMENT

wok** avec spatule en bois

plaque à pâtisserie

couteau chef

couteau à désosser

cuiller

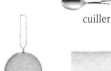

passoire   papier
en toile   absorbant
métallique

bols

planche à découper

** ou grande poêle à fond épais

ANNE VOUS DIT

« À la fin de la cuisson, ne lavez pas le wok, mais essuyez-le avec un torchon propre humide ou du papier absorbant. »

La friture rapide est un mode de cuisson qui s'applique à de très nombreuses recettes de volaille. Le secret de la réussite tient à la fraîcheur des ingrédients, finement émincés, qui cuisent très vite de tous les côtés.

— SAVOIR S'ORGANISER —

Vous pouvez préparer les légumes et le poulet 1 h à l'avance et griller les amandes la veille.

* plus 25 à 30 min de marinage du poulet et de trempage des champignons

LE MARCHÉ

30 g de champignons parfumés ou de champignons sauvages séchés
25 cl ou plus d'eau chaude
50 g d'amandes effilées
1 oignon moyen
4 branches de céleri
500 g de bouquets de brocolis
2 blancs de poulet sans peau, soit environ 350 g
10 cl d'huile végétale
1 cuil. à café d'huile de sésame
Pour la marinade
4 cuil. à soupe de sauce soja
4 cuil. à soupe de saké ou de xérès
2 cuil. à café de fécule de maïs

INGRÉDIENTS

blancs de poulet

champignons   brocolis
parfumés séchés

oignon

branches
de céleri

amandes   huile   huile
effilées   végétale   de sésame

saké   sauce soja   fécule
de maïs

DÉROULEMENT

1 PRÉPARER
LES LÉGUMES
ET LES AMANDES

2 DÉCOUPER
ET FAIRE MARINER
LE POULET

3 FRIRE
LE POULET

1 PRÉPARER LES LÉGUMES ET LES AMANDES

1 Mettez les champignons dans un bol; couvrez-les d'eau chaude et laissez-les tremper 30 min.

ANNE VOUS DIT
«Vous pouvez remplacer les champignons séchés par 250 g de champignons frais, lavés et émincés.»

2 Pendant ce temps, grillez les amandes et préparez les autres légumes. Préchauffez le four à 190 °C. Étendez les amandes sur une plaque à pâtisserie et passez-les sous le gril de 6 à 8 min, jusqu'à ce qu'elles dorent légèrement.

3 Coupez l'oignon en deux, puis détaillez chaque moitié en 4 ou 5 quartiers.

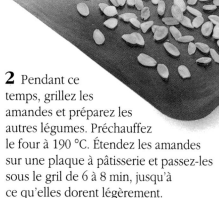

4 Ôtez les extrémités des branches de céleri puis découpez-les légèrement en biais, en rondelles de 1 cm d'épaisseur.

5 Enlevez la tige des brocolis puis séparez les bouquets en très petits morceaux.

6 Égouttez les champignons en réservant le liquide de trempage. Ôtez leur bout un peu dur. Filtrez le liquide de trempage à travers la passoire tapissée de papier absorbant pour retenir les derniers grains de sable.

2 DÉCOUPER ET FAIRE MARINER LE POULET

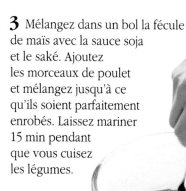

3 Mélangez dans un bol la fécule de maïs avec la sauce soja et le saké. Ajoutez les morceaux de poulet et mélangez jusqu'à ce qu'ils soient parfaitement enrobés. Laissez mariner 15 min pendant que vous cuisez les légumes.

1 Enlevez le tendon de chaque blanc de poulet (voir encadré p. 53). Soulevez l'extrémité du filet et ôtez-le en le tirant vers vous. À l'aide du couteau chef, émincez-le en fines aiguillettes.

2 En appuyant fermement sur le morceau de blanc, émincez-le finement pour obtenir de 10 à 15 aiguillettes.

Remuez pour que le poulet s'imprègne de marinade

3 FRIRE LE POULET

1 Versez la moitié de l'huile végétale dans le wok. Faites-y revenir l'oignon et le céleri à feu vif de 1 à 2 min, jusqu'à ce qu'ils s'attendrissent.

3 Versez les légumes dans un grand bol et réservez au chaud.

5 Égouttez les aiguillettes de poulet en réservant la marinade. Mettez-les dans le wok et faites-les sauter à feu vif de 2 à 3 min, jusqu'à ce qu'elles soient dorées.

2 Mettez les brocolis dans le wok et faites-les sauter de 2 à 3 min en remuant. Ajoutez-y les champignons et chauffez 2 min, en remuant, jusqu'à ce qu'ils s'attendrissent.

4 Essuyez le wok avec du papier absorbant, puis chauffez-y le reste de l'huile végétale.

ATTENTION !
Si les champignons sont frais, faites-les revenir jusqu'à ce qu'ils aient perdu toute leur eau.

Versez les légumes chauds dans le wok

6 Remettez les légumes dans le wok et mélangez le tout. Ajoutez 4 cuil. à soupe du liquide de trempage des champignons.

7 Versez la marinade dans le wok et chauffez 2 min. En cuisant, la fécule de maïs épaissit peu à peu la sauce. Arrosez avec l'huile de sésame; mélangez, goûtez et rectifiez l'assaisonnement. Selon votre goût, rajoutez éventuellement un peu de sauce soja, de saké ou d'huile de sésame.

8 Parsemez d'amandes grillées et servez dans des bols individuels.

La chair du poulet est délicatement parfumée par la sauce soja et le saké

POULET FRIT À L'AIGRE-DOUX

Des dés d'ananas remplacent les brocolis et les champignons et le jus du fruit donne un goût sucré à la sauce.

1 Découpez les blancs de poulet en suivant la recette principale.
2 Pour la marinade, n'utilisez que 1 cuil. à soupe de saké; ajoutez 1 cuil. à soupe de vinaigre de vin et 1 cuil. à soupe de sucre en poudre.
3 Remplacez les brocolis et les champignons par 4 tranches d'ananas en boîte coupées en dés.
4 Terminez le plat en suivant la recette principale, en remplaçant le liquide de trempage des champignons par 4 cuil. à soupe de jus d'ananas.

Des baguettes permettent de déguster ce plat comme en Extrême-Orient

POULE AUX PRUNEAUX FARCIS DU YORKSHIRE

Hindle Wakes

🍽 POUR 4 PERSONNES   🥣 PRÉPARATION : 30 MIN*   ♨ CUISSON : DE 1 H 15 À 1 H 30

ÉQUIPEMENT

couteau chef

plats peu profonds

robot ménager

planche à découper

aiguille à brider et ficelle

fourchette à rôti

cuiller en bois

plat à rôtir moyen

râpe

casseroles

grande cuiller en métal

presse-agrumes

fouet

ficelle de cuisine

bols

grande cocotte en fonte ou marmite avec couvercle

passoire en toile métallique

Dans cette recette traditionnelle, les pruneaux parfument délicieusement la poule, aussi bien qu'ils accompagnent les autres viandes blanches.

* plus 1 h de trempage pour les pruneaux

LE MARCHÉ

1 poule de 1,8 kg avec son foie
2 carottes moyennes
1 bouquet garni (voir encadré p. 72)
2 clous de girofle
1 oignon moyen
2 gousses d'ail
1 cuil. à café de poivre noir en grains
30 cl de vin blanc sec moelleux
1,5 litre de bouillon de volaille ou d'eau
sel et poivre
Pour la farce
250 g de gros pruneaux dénoyautés
1 petit oignon
125 g de beurre, plus un peu pour graisser le plat
1 bouquet de persil frais
1 citron
10 tranches de pain de mie, soit environ 250 g
15 cl de bouillon de volaille
Pour la sauce veloutée
75 g de beurre
50 g de farine
20 cl de crème épaisse
jus de citron

INGRÉDIENTS

gousses d'ail

poule

oignons

pruneaux

citron

persil frais

tranches de pain de mie

carottes

clous de girofle

poivre noir en grains

crème épaisse

bouillon de volaille

vin blanc

bouquet garni

beurre

farine

DÉROULEMENT

1 PRÉPARER LA FARCE

2 BRIDER ET POCHER LA POULE

3 FARCIR ET GARNIR LES PRUNEAUX

4 PRÉPARER LA SAUCE

1 PRÉPARER LA FARCE

1 Mettez les pruneaux dans un grand bol; couvrez-les d'eau chaude et laissez-les tremper environ 1 h. Égouttez-les et réservez-en huit à douze, parmi les plus fermes, pour les farcir; hachez les autres.

Réservez les pruneaux les plus fermes : vous les farcirez entiers

Hachez grossièrement le reste des pruneaux

2 Hachez finement l'oignon. Chauffez la moitié du beurre dans une petite casserole, faites-y fondre de 2 à 3 min l'oignon, sans le laisser brunir.

3 Dénervez le foie de volaille puis hachez-le.

4 Faites blondir le foie de 1 à 2 min dans le beurre, avec l'oignon. Versez la préparation dans un grand bol.

ATTENTION !
Ne râpez pas la peau blanche du citron, qui est amère.

6 Râpez le zeste du citron, puis coupez le fruit en deux et pressez-le.

Servez-vous d'un presse-agrumes qui retient les pépins

5 À l'aide du couteau chef, hachez finement le persil.

7 Mettez les tranches de pain de mie dans le robot ménager et réduisez-les en miettes. Chauffez le reste du beurre dans une petite casserole.

8 Mélangez le foie et l'oignon avec les pruneaux hachés, les miettes de pain, le persil et le zeste de citron. Ajoutez-y le bouillon de volaille, le jus de citron et le beurre fondu. Salez, poivrez et réservez.

Remuez énergiquement pour obtenir une farce homogène

COMPOSER UN BOUQUET GARNI

Ce bouquet de plantes aromatiques parfumera le bouillon. Pour le composer, réunissez 2 ou 3 brins de thym, 1 feuille de laurier et de 10 à 12 tiges de persil. Liez-les avec de la ficelle de cuisine et nouez-en les extrémités en laissant une longueur suffisante pour attacher le bouquet garni à une poignée de la cocotte.

2 BRIDER ET POCHER LA POULE

1 Bridez la poule (voir p. 43) et mettez-la dans la cocotte (qui doit être juste assez grande). Ajoutez les rondelles de carottes, puis le bouquet garni. Attachez sa ficelle à une des poignées de la cocotte pour pouvoir le retirer facilement en fin de cuisson.

2 Piquez les clous de girofle dans l'oignon; mettez-le dans la cocotte avec l'ail et le poivre en grains.

4 Portez à ébullition en enlevant la graisse qui remonte à la surface, puis couvrez et laissez mijoter, en écumant de temps en temps, de 1 h 15 à 1 h 30.

3 Versez le vin blanc et le bouillon de volaille (ou l'eau) en quantité suffisante pour recouvrir la poule jusqu'au haut des cuisses. Salez légèrement.

Pendant la cuisson, enlevez régulièrement l'écume et les impuretés à la surface du bouillon

5 À mi-cuisson, retournez la poule afin qu'elle cuise de tous les côtés. À ce moment, vous allez farcir et cuire les pruneaux (voir p. 74). Pour vérifier que la poule est cuite, piquez une fourchette à rôti dans sa chair : le jus qui s'écoule doit être incolore.

Retournez la poule à mi-cuisson à l'aide d'une fourchette à rôti et d'une cuiller ou d'une louche. Vous éviterez ainsi de renverser du bouillon hors de la cocotte

6 Quand la poule est cuite, sortez-la de la cocotte, enveloppez-la d'aluminium ménager et réservez-la au chaud. Gardez le bouillon pour la sauce.

3 FARCIR ET CUIRE LES PRUNEAUX

Mettez environ
une cuiller
à café de farce
dans chaque
pruneau

1 Préchauffez le four à 190 °C. Farcissez
les pruneaux entiers. Beurrez le plat
à rôtir et nappez-en le fond avec le reste
de la farce.

2 Disposez les pruneaux sur la farce
et couvrez le plat d'aluminium ménager.
Enfournez pour 30 à 40 min. Sortez
le plat du four et tenez-le au chaud.

4 PRÉPARER LA SAUCE VELOUTÉE

Filtrez le bouillon à travers
une passoire en toile
métallique posée
sur un bol

1 Enlevez et jetez la graisse du bouillon.
Chauffez à feu vif jusqu'à ce qu'il ait
réduit de moitié.

2 Filtrez le bouillon; vous devez en avoir
75 cl. S'il en manque, ajoutez un peu
de bouillon de volaille ou d'eau pour
obtenir la quantité voulue. Jetez
les légumes et le bouquet garni.

3 Faites fondre le beurre dans
une casserole moyenne. Ajoutez
la farine en remuant au fouet.

Fouettez sans arrêt
quand vous ajoutez
le bouillon

4 Chauffez la sauce en la fouettant de 1 à 2 min : elle va mousser, mais ne doit pas brunir.

5 Ajoutez le bouillon et chauffez à feu vif en fouettant sans arrêt : la sauce bout et épaissit. Ajoutez la crème et fouettez 2 min. Hors du feu, ajoutez le jus de citron, assaisonnez selon votre goût et tenez au chaud.

POUR SERVIR

Découpez des parts de farce. Enlevez la ficelle à brider. Découpez les morceaux de volaille, disposez-les sur des assiettes et nappez-les de sauce. Servez avec une part de farce et des pruneaux farcis. Proposez le reste de sauce à part.

— SAVOIR S'ORGANISER —

Vous pouvez préparer la poule, les pruneaux et la farce 24 h à l'avance. Conservez le poulet au réfrigérateur dans son bouillon de cuisson. Réchauffez-le et préparez la sauce au moment de servir.

VARIANTE
POULE POCHÉE ET SAUCE AU PERSIL

1 Détachez les feuilles d'un bouquet de persil de leur tige; écrasez-les légèrement à l'aide d'un rouleau à pâte pour qu'elles dégagent mieux leur parfum, puis ciselez-les.
2 Pochez le poulet en suivant la recette principale et ajoutez les tiges de persil au bouillon.
3 Ne préparez ni la farce ni les pruneaux.
4 Préparez la sauce en suivant la recette principale et ajoutez le persil haché en même temps que le jus de citron.

ANNE VOUS DIT

«Pour que le persil haché reste vert et brillant, plongez-le 5 s dans de l'eau bouillante, puis égouttez-le. Rincez-le sous un filet d'eau froide, puis séchez-le dans du papier absorbant.»

Des parts de farce
accompagnent bien cette poule

Des carottes,
émincées en fine julienne, ajoutent une touche colorée au plat

RAGOÛT DU BRUNSWICK

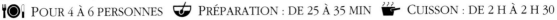

🍴🍽 POUR 4 À 6 PERSONNES   🥣 PRÉPARATION : DE 25 À 35 MIN   🍲 CUISSON : DE 2 H À 2 H 30

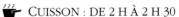

ÉQUIPEMENT

grande cocotte
en fonte avec couvercle

passoire
en toile
métallique

couteau d'office

couteau chef

grande cuiller en métal

fourchette à rôti

cuiller percée
ou écumoire

bols

planche
à découper

fourchettes

cuiller en bois

casseroles, dont une avec couvercle

ficelle de cuisine

plat peu profond

ANNE VOUS DIT

*«Vous pouvez utiliser un
morceau de collier fumé
que vous servirez coupé en
petits dés, sans la couenne.»*

*Le comté de Brunswick en Caroline du Nord
et celui du même nom en Virginie revendiquent
tous deux la paternité de ce fameux ragoût.
Il se réalise avec des ingrédients du sud
des États-Unis — porc fumé, fèves, maïs doux
et piments forts. Mais, à l'origine, il fut créé
avec de la viande d'écureuil et sans légumes !*

SAVOIR S'ORGANISER
Vous pouvez préparer le ragoût 48 h à l'avance et le conserver
au réfrigérateur (il n'en sera que plus moelleux et plus
parfumé), ou même le congeler pendant 3 mois.

LE MARCHÉ

1 poulet de 1,5 kg	
500 g de jarret de porc fumé	
1,5 litre d'eau ou plus	
1 cuil. à soupe de cassonade	
1 bouquet garni	
1 oignon moyen	
3 branches de céleri	
400 g de tomates	
250 g de fèves fraîches et décortiquées, ou décongelées	
200 g de maïs frais ou surgelé	
400 g de pommes de terre	
1 cuil. à café de flocons de piments rouges forts	
sel et poivre	

INGRÉDIENTS

poulet

oignon   jarret de porc fumé

maïs   tomates

bouquet
garni

pommes
de terre

cassonade   fèves   flocons
de piments
rouges forts

branches de céleri

DÉROULEMENT

1 CUIRE
LE POULET

2 PRÉPARER
LES LÉGUMES

3 CUIRE LES
POMMES DE TERRE
ET TERMINER LE PLAT

CUIRE LE POULET

1 Découpez le poulet en six (voir p. 29, mais ne séparez pas les cuisses en deux). Mettez les morceaux dans la cocotte avec le jarret de porc et couvrez d'eau. Ajoutez la cassonade et le bouquet garni. Portez à ébullition et enlevez l'écume qui remonte à la surface à l'aide de la cuiller percée ou de l'écumoire.

2 Couvrez et laissez mijoter 1 h. Assurez-vous que les morceaux sont cuits en piquant une fourchette à rôti dans leur chair : elle doit s'y enfoncer facilement.

3 Sortez les morceaux de poulet avec la cuiller percée et réservez-les. Ôtez la cocotte du feu.

PELER, ÉPÉPINER ET CONCASSER UNE TOMATE

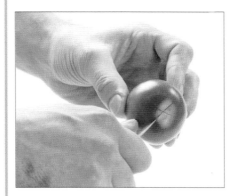

1 À l'aide d'un couteau d'office, retirez le pédoncule de la tomate, puis retournez-la et entaillez-la en croix. Plongez-la dans une casserole d'eau bouillante de 8 à 15 s selon son degré de maturité : la peau se décolle en frisant autour de la croix.

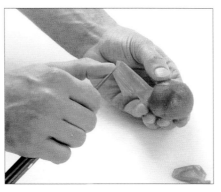

3 Quand elle a refroidi, égouttez-la et pelez-la à l'aide du couteau d'office.

5 Posez chaque moitié de tomate sur la planche à découper et émincez-la. Puis faites-la tourner de 90° et coupez-la de nouveau en tranches fines.

2 Sortez la tomate de la casserole avec une cuiller percée et plongez-la dans un bol d'eau fraîche.

Pour garder le jus, pressez la tomate au-dessus d'une passoire en toile métallique posée sur un bol

4 Coupez la tomate en deux, comme un pamplemousse; pressez fermement chaque moitié pour chasser les graines. Ôtez celles qui resteraient avec la pointe d'un couteau.

6 Hachez les morceaux de tomate en dés.

2 PRÉPARER LES LÉGUMES

Laissez dégeler le maïs surgelé avant de l'utiliser

1 Hachez l'oignon. Ôtez les extrémités des branches de céleri puis découpez-les en fines rondelles. Pelez, épépinez et concassez grossièrement les tomates (voir encadré p. 77).

2 Remettez la cocotte sur le feu et portez à ébullition le bouillon de cuisson. Ajoutez-y l'oignon, le céleri, les tomates et les fèves et laissez mijoter de 20 à 30 min, en remuant souvent, jusqu'à ce que les fèves soient tendres.

3 Ajoutez le maïs et poursuivez la cuisson 10 min. Pendant que les légumes cuisent, préparez les pommes de terre.

3 CUIRE LES POMMES DE TERRE ET TERMINER LE PLAT

1 Épluchez les pommes de terre, coupez-les en petits morceaux et mettez-les dans une casserole d'eau salée. Portez à ébullition puis couvrez et laissez frémir de 15 à 20 min. Assurez-vous qu'ils sont cuits en piquant le couteau d'office dans leur chair : il doit s'y enfoncer facilement. Égouttez-les puis pressez-les à l'aide de la cuiller en bois à travers la passoire au-dessus d'un grand bol.

ANNE VOUS DIT

«Vous pouvez aussi écraser les pommes de terre avec un presse-purée. Posez un couvercle sur la casserole, videz l'eau, puis écrasez les pommes de terre dans le récipient lui-même.»

2 Ajoutez les pommes de terre et le piment au ragoût; goûtez et rectifiez l'assaisonnement. Remettez les morceaux de poulet dans la cocotte; chauffez 15 min environ, en remuant souvent, jusqu'à ce qu'ils soient très tendres.

ANNE VOUS DIT

«Si vous utilisez un moulin à légumes, équipez-le d'une grille fine.»

ATTENTION !

N'utilisez ni un robot ménager ni un mixeur : la purée, trop fine, collerait.

Pressez les pommes de terre à travers la passoire pour obtenir une fine purée

3 Sortez le jarret de porc de la cocotte. Séparez la viande de l'os et jetez la couenne et la graisse.

4 Émiettez la viande en vous servant de 2 fourchettes puis remettez-la dans le ragoût. La sauce doit être légèrement épaisse, mais si elle colle, rajoutez-y de l'eau. Jetez le bouquet garni; goûtez et rectifiez l'assaisonnement.

🍴 POUR SERVIR

Servez directement dans la cocotte ou dans des assiettes.

VARIANTE
POULET BASQUAISE

1 Suivez la recette principale, mais doublez la quantité de tomates et n'utilisez ni la cassonade, ni les fèves, ni le maïs.
2 Grillez, pelez et enlevez le pédoncule de 2 poivrons verts (voir encadré p. 35), puis émincez-les.
3 Ajoutez les poivrons au ragoût en même temps que les tomates.

VARIANTE
POULET AUX HARICOTS ROUGES ET AU SAUCISSON À L'AIL

Des haricots rouges et des rondelles de saucisson à l'ail remplacent ici les fèves et le maïs et épicent le plat.

1 Faites tremper 500 g de haricots rouges secs dans de l'eau froide (ils doivent être recouverts de 10 cm de liquide) de 6 à 8 h, puis égouttez-les.
2 Mettez les haricots dans une cocotte, ajoutez 1 oignon, 1 gousse d'ail et 1 bouquet garni. Couvrez généreusement d'eau et portez à ébullition, que vous maintiendrez au moins 5 min, puis laissez mijoter 25 min. Salez, poivrez et faites cuire encore 45 min.
3 Égouttez les haricots rouges et jetez l'oignon et le bouquet garni.
4 Découpez en fines rondelles 1 saucisson à l'ail de 400 g environ, après en avoir enlevé la peau.
5 Préparez et cuisez le poulet en suivant la recette principale. N'utilisez ni les fèves ni le maïs. Ajoutez les haricots rouges, l'ail, les tomates et le céleri; laissez mijoter environ 30 min, jusqu'à ce que les haricots soient tendres.
6 Épaississez le ragoût avec la purée de pommes de terre et ajoutez le saucisson en même temps que le poulet.

Le poulet et les légumes du ragoût se servent en plat principal, simplement accompagnés de pain grillé

SUPRÊMES DE POULET EN PAPILLOTE À LA JULIENNE

Chaussons de volaille et de légumes

 POUR 4 PERSONNES   PRÉPARATION : DE 30 À 40 MIN CUISSON : DE 10 À 15 MIN

ÉQUIPEMENT

plats peu profonds

grande sauteuse avec couvercle

ciseaux de cuisine

pinceau à pâtisserie

crayon

couteau à désosser

couteau chef

fourchette à rôti

cuiller en bois

papier sulfurisé

cuiller en métal

fourchette

1 ou 2 plaques à pâtisserie

planche à découper

petit bol

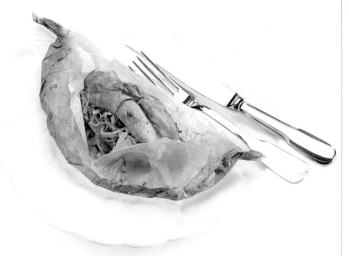

Vous pouvez servir ces papillotes telles quelles, gonflées et dorées : en les ouvrant, chacun se réjouira déjà des parfums mêlés des suprêmes de poulet, des herbes et des légumes. Variez les mariages entre les légumes et les herbes selon la saison : de tendres pointes d'asperge, de la ciboulette et du cerfeuil au printemps; des champignons sauvages et du romarin en automne.

SAVOIR S'ORGANISER

Vous pouvez préparer les blancs de poulet 2 h à l'avance et les conserver au réfrigérateur, dans leur papillote. Cuisez-les au dernier moment.

LE MARCHÉ

4 beaux blancs de poulet sans peau, soit environ 750 g
30 g de farine assaisonnée (voir p. 56)
1 cuil. à soupe d'huile végétale
100 g de beurre
1 bouquet d'estragon frais
2 carottes moyennes
3 branches de céleri
1 navet moyen
sel et poivre
1 œuf pour sceller les papillotes

INGRÉDIENTS

blancs de poulet

œuf

huile végétale assaisonnée

farine

navet

beurre

estragon frais

branches de céleri

carottes

DÉROULEMENT

1 APPRÊTER LES BLANCS DE POULET

2 TAILLER LES LÉGUMES EN JULIENNE

3 CUIRE LES LÉGUMES

4 PRÉPARER ET CUIRE LES PAPILLOTES

1 APPRÊTER LES BLANCS DE POULET

2 Soulevez l'extrémité des filets et levez-les en les tirant vers vous. Avec le couteau chef, émincez-les finement.

1 Enlevez délicatement le tendon de chaque blanc de poulet en le soulevant avec le couteau à désosser.

Les blancs doivent être parfaitement enrobés de farine assaisonnée

3 Mettez la farine assaisonnée dans un plat. Roulez-y les blancs; tapotez-les pour bien les enrober.

4 Chauffez l'huile et 15 g de beurre dans la sauteuse. Quand le mélange mousse, faites-y revenir les morceaux de poulet à feu vif de 1 à 2 min. Retournez-les pour dorer l'autre face.

ANNE VOUS DIT
«Si votre sauteuse est petite, faites rissoler le poulet en deux fois.»

5 Mettez le poulet dans un plat peu profond allant au four (vous terminerez en effet la cuisson au four).

6 Faites dorer les morceaux de filet 1 min dans la sauteuse, à feu modéré. Laissez-les refroidir hors du feu. Essuyez la sauteuse.

7 Lorsque les blancs ont suffisamment refroidi pour ne pas vous brûler, tenez-les et fendez-les horizontalement.

DÉCOUPER DES LÉGUMES EN JULIENNE

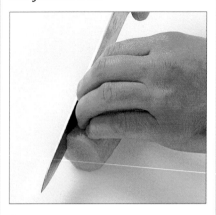

1 Pour les légumes ronds comme les carottes, commencez par tailler un côté au carré pour pouvoir les poser à plat sur le plan de travail.

2 TAILLER LES LÉGUMES EN JULIENNE

1 Réservez 4 brins d'estragon pour décorer le plat. Détachez les feuilles des autres brins de leur tige et hachez-les.

Les légumes en julienne cuisent vite et sont très décoratifs

2 Découpez le légume en tronçons de 5 cm de long; émincez-le ensuite dans le sens de la longueur.

3 Rassemblez 6 morceaux ou plus et taillez-les en julienne en utilisant la dernière phalange de vos doigts pour guider la lame du couteau. Tous les bâtonnets doivent avoir à peu près la même épaisseur.

Taillez les légumes en fins bâtonnets

2 À l'aide du couteau chef, taillez en julienne les carottes, les branches de céleri et le navet (voir encadré ci-contre).

3 CUIRE LES LÉGUMES

1 Faites d'abord un couvercle de papier sulfurisé. Puis pliez un carré de papier sulfurisé en diagonale, puis en deux pour obtenir un triangle.

2 Pliez encore 1 ou 2 fois le triangle de papier sulfurisé : vous obtenez un cône pointu.

4 Faites ramollir 60 g de beurre. Graissez le papier et chauffez le reste du beurre ramolli dans la sauteuse. Versez-y la julienne de légumes. Salez et poivrez.

Placez la pointe du cône au centre de la sauteuse

Découpez au niveau du bord pour que le papier recouvre exactement la sauteuse

3 Posez le cône de papier au-dessus de la sauteuse, pointe au centre. Découpez-le à la longueur du rayon de la sauteuse, puis dépliez-le.

Sous le papier beurré et le couvercle, les légumes cuiront doucement dans leur jus

5 Couvrez les légumes avec le papier, côté beurré en dessous. Posez le couvercle par-dessus et laissez-les mijoter de 15 à 20 min, jusqu'à ce qu'ils soient tendres.

ATTENTION !
Ne laissez pas brunir les légumes.

4 PRÉPARER ET CUIRE LES PAPILLOTES

1 Pliez en deux un rectangle de papier sulfurisé de 40 x 45 cm. Posez dessus un blanc de poulet et dessinez tout autour un demi-cercle qui doit dépasser d'au moins 7,5 cm le morceau de poulet. Puis découpez le demi-cercle. Procédez de la même façon pour les 3 autres blancs.

Dessinez la forme d'un demi-cercle sur le papier plié

2 Dépliez les chaussons de papier et beurrez-les, à l'exception d'une bande de 2,5 cm tout autour.

3 Pour sceller la papillote, battez l'œuf à la fourchette avec une pincée de sel et badigeonnez la bande non beurrée des chaussons de papier.

ANNE VOUS DIT

«L'aluminium est plus pratique que le papier sulfurisé, mais la présentation est moins séduisante, car les papillotes ne gonflent pas et ne dorent pas.»

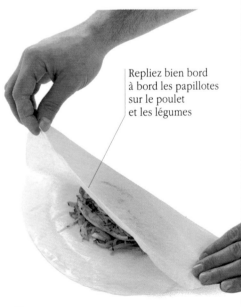

Repliez bien bord à bord les papillotes sur le poulet et les légumes

4 Préchauffez le four à 180 °C. Ajoutez les morceaux de filet de poulet et l'estragon haché aux légumes. Mélangez bien, goûtez et rectifiez l'assaisonnement.

5 À l'aide de la cuiller, étalez une couche de légumes sur la moitié d'un des chaussons de papier. Farcissez le blanc de poulet avec un peu de la julienne puis déposez-le sur le lit de légumes. Couronnez enfin avec 1 brin d'estragon.

6 Repliez le papier sur le blanc. Scellez la papillote en pressant fermement les bords enduits d'œuf battu entre vos doigts.

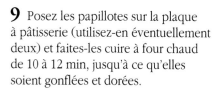

7 Ourlez le bord de la papillote en le repliant sur lui-même.

8 Tortillez les extrémités de la papillote pour la fermer. Procédez de la même façon pour les 3 autres.

9 Posez les papillotes sur la plaque à pâtisserie (utilisez-en éventuellement deux) et faites-les cuire à four chaud de 10 à 12 min, jusqu'à ce qu'elles soient gonflées et dorées.

🍽 POUR SERVIR

Disposez les papillotes gonflées et dorées sur des assiettes individuelles chaudes et servez. Chaque convive ouvrira lui-même son chausson.

V A R I A N T E

SUPRÊMES DE POULET BASQUAISE EN PAPILLOTE

1 Remplacez les carottes, les branches de céleri et le navet par 3 poivrons, un rouge, un jaune et un vert.
2 Enlevez le pédoncule des poivrons, épépinez-les puis détaillez-les en fines lanières (voir encadré p. 35). Faites-les cuire comme les légumes de la recette principale.
3 Préparez les blancs de poulet, façonnez les papillotes (n'utilisez pas d'estragon) et cuisez-les en suivant la recette principale.

Le poulet cuit en papillote est tendre et juteux

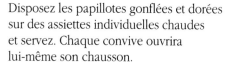

ANNE VOUS DIT
« Si les papillotes refroidissent et se dégonflent, passez-les de nouveau au four quelques instants. »

SALADE
DE POULET À L'INDIENNE

Poulet froid en sauce curry sur riz au safran

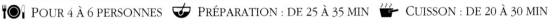

🍽 POUR 4 À 6 PERSONNES   🥣 PRÉPARATION : DE 25 À 35 MIN   🍲 CUISSON : DE 20 À 30 MIN

ÉQUIPEMENT

robot ménager*

couteau d'office

passoire
en toile
métallique

couteau chef

spatule en caoutchouc

casseroles, dont une avec couvercle

cuiller en bois

fourchettes

cuillers en métal

bols

planche
à découper

plat peu profond

fouet

* ou mixeur

L'assaisonnement de cette salade, très original, est épaissi par du fromage blanc et parfumé au curry et à la confiture. Du riz au safran apporte un élégant contrepoint au poulet rôti, servi froid.

SAVOIR S'ORGANISER
Vous pouvez préparer la sauce au curry, le riz au safran, les tomates et la vinaigrette 24 h à l'avance.

LE MARCHÉ

1 poulet rôti de 1,8 kg
3 cuil. à soupe de jus de citron
20 cl d'huile végétale
500 g de tomates cerises
1/2 cuil. à café de paprika pour décorer le plat
Pour le riz
filaments de safran
60 cl d'eau
300 g de riz à grains longs
3 branches de céleri
Pour la sauce
1 petit oignon
10 cl d'huile végétale
1 cuil. à soupe de curry en poudre
4 cuil. à soupe de jus de tomate
4 cuil. à soupe de vinaigre de vin rouge
2 cuil. à café de confiture d'abricots
2 cuil. à soupe de jus de citron
250 g de fromage blanc en faisselle
sel et poivre

INGRÉDIENTS

tomates
cerises   oignon

confiture d'abricots

poulet entier
rôti

filaments
de safran   jus de citron

fromage
blanc

branches de céleri

jus de tomate

paprika

riz à grains
longs

curry
en poudre

huile végétale   vinaigre de vin

DÉROULEMENT

1 CUIRE
LE RIZ

2 PRÉPARER
LA SAUCE

3 APPRÊTER
LE POULET

4 TERMINER LE PLAT
ET PRÉPARER LES
TOMATES CERISES

1 CUIRE LE RIZ AU SAFRAN

1 Remplissez une grande casserole avec les 60 cl d'eau. Mettez-y une grosse pincée de filaments de safran et une pincée de sel. Portez à ébullition et laissez frémir 2 min. Versez le riz, attendez que l'eau bouille de nouveau, puis couvrez et faites cuire de 15 à 20 min, jusqu'à ce que le riz soit tendre. Laissez refroidir de 5 à 10 min, puis mélangez avec une fourchette; goûtez et rectifiez l'assaisonnement. Réservez.

ATTENTION !
Ne mélangez pas le riz quand il est chaud; les grains s'écraseraient.

Une pincée de filaments de safran suffit à colorer et à parfumer le riz

2 PRÉPARER LA SAUCE AU CURRY

Versez lentement l'huile pendant que le robot tourne : la sauce sera homogène et liée

1 Hachez finement l'oignon. Chauffez doucement 1 cuil. à soupe d'huile dans une petite casserole. Faites-y fondre l'oignon haché 2 min, en remuant de temps en temps.

2 Ajoutez le curry en poudre et faites revenir 2 min en remuant. Versez le jus de tomate et le vinaigre, puis laissez mijoter et réduire de moitié.

ATTENTION !
Une cuiller en bois absorbe les saveurs fortes : pour préparer cette sauce, utilisez une cuiller en métal.

3 Mélangez la confiture d'abricots à la préparation. Laissez refroidir puis versez dans le bol du robot ménager ou dans le mixeur.

4 Réduisez la préparation en un mélange homogène, en raclant éventuellement avec la spatule les parois du bol.

5 Ajoutez le jus de citron et le fromage blanc et faites de nouveau tourner l'appareil. Versez le reste de l'huile. Goûtez et rectifiez l'assaisonnement.

3 APPRÊTER LE POULET

Tenez la cage thoracique
d'une main et la cuisse
de l'autre pour les séparer

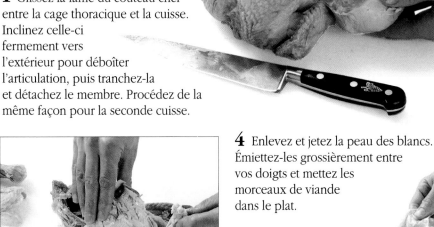

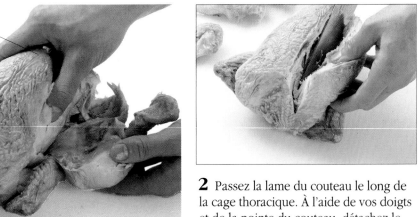

1 Glissez la lame du couteau chef
entre la cage thoracique et la cuisse.
Inclinez celle-ci
fermement vers
l'extérieur pour déboîter
l'articulation, puis tranchez-la
et détachez le membre. Procédez de la
même façon pour la seconde cuisse.

2 Passez la lame du couteau le long de
la cage thoracique. À l'aide de vos doigts
et de la pointe du couteau, détachez le
blanc de la carcasse et enlevez l'aileron
et le blanc sans les séparer. Procédez
de la même façon pour l'autre moitié.

4 Enlevez et jetez la peau des blancs.
Émiettez-les grossièrement entre
vos doigts et mettez les
morceaux de viande
dans le plat.

3 Avec les doigts, ôtez le bréchet
et la viande qui le recouvre, puis
détachez tous les morceaux
encore attachés à la carcasse.

Tirez sur
la peau et
retirez-la

5 Avec les doigts et la pointe du couteau,
détachez la chair des cuisses. Enlevez
les tendons et la peau. Émiettez
grossièrement la viande et mettez-la
dans le plat.

ANNE VOUS DIT
«*Vous devez obtenir environ
500 g de viande.*»

4 TERMINER LE PLAT ET PRÉPARER LES TOMATES CERISES

2 Préparez la vinaigrette en mélangeant
au fouet le jus de citron, le sel et le poivre
dans un petit bol. Ajoutez l'huile en
un mince filet en fouettant sans arrêt pour
que la vinaigrette épaississe légèrement.
Versez-en les 3/4 sur le riz et tournez
la salade à l'aide de 2 fourchettes.
Réservez le reste de sauce.

1 Ôtez les extrémités des branches
de céleri et coupez-les en tranches fines.
À l'aide d'une fourchette, mélangez-les
au riz. Versez dans un grand bol.

ANNE VOUS DIT
«*La sauce vinaigrette se conserve
une semaine ou plus dans un récipient
hermétique ou dans une bouteille.
Si les ingrédients se sont dissociés,
fouettez à nouveau la sauce.*»

3 Mettez la moitié des tomates cerises dans la passoire en toile métallique et plongez-les de 8 à 10 s dans une casserole d'eau bouillante. Égouttez-les puis pelez-les avec le couteau d'office. Procédez de la même façon pour les autres tomates. Assaisonnez avec le reste de la vinaigrette.

Les tomates, plongées dans l'eau bouillante, se pèlent facilement

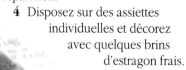

¶◎¶ POUR SERVIR

Mélangez le poulet émietté avec la moitié de la sauce au curry, puis disposez-le sur un lit de riz au safran. Saupoudrez du paprika et décorez des tomates cerises. Servez à part le reste de sauce au curry.

V A R I A N T E

SALADE DE POULET À L'ESTRAGON SUR RIZ BLANC

Le poulet et l'estragon se marient naturellement.

1 Apprêtez le poulet et préparez les tomates en suivant la recette principale.

2 Préparez la salade de riz, mais n'utilisez pas le safran.

3 À l'aide d'un robot ménager ou d'un mixeur, mélangez 250 g de fromage blanc en faisselle et 1 cuil. à soupe de vinaigre à l'estragon. Ajoutez-y 1 brin d'estragon ciselé. Goûtez, salez et poivrez. Remplacez la sauce au curry par cette préparation.

4 Disposez sur des assiettes individuelles et décorez avec quelques brins d'estragon frais.

La sauce du poulet est onctueuse et épicée

POULET FRIT DU SUD AMÉRICAIN EN SAUCE DÉGLACÉE

🍽 POUR 4 PERSONNES   🥣 PRÉPARATION : DE 10 À 15 MIN*   🍲 CUISSON : 20 À 30 MIN

ÉQUIPEMENT

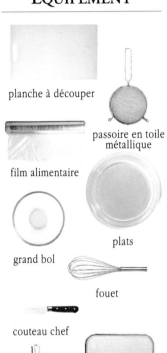

planche à découper

passoire en toile métallique

film alimentaire

plats

grand bol

fouet

couteau chef

plat

papier absorbant

grande poêle à fond épais

cuiller percée

grande cuiller en métal

fourchette à rôti

thermomètre à friture (facultatif)

INGRÉDIENTS

poulet

lait

huile végétale

farine

Le poulet frit est une recette typique du sud des États-Unis. Ici, il marine dans du lait qui le rend très moelleux. Ce plat s'accompagne traditionnellement d'une purée de pommes de terre parfumée d'herbes fraîches ciselées. Servi froid, sans sa sauce, avec une salade de pommes de terre et une julienne de légumes crus, il est idéal pour un pique-nique.

SAVOIR S'ORGANISER
Vous pouvez faire mariner le poulet 24 h à l'avance.
Si vous le servez chaud, faites-le frire au dernier moment pour que sa croûte croustillante ne ramollisse pas.

* plus 8 à 12 h de marinage

LE MARCHÉ

1 poulet de 1,5 kg
50 cl ou plus de lait
25 cl ou plus d'huile végétale pour la friture
60 g de farine assaisonnée avec 2 cuil. à café de poivre
Pour la sauce
2 cuil. à soupe de farine
40 cl de lait
sel et poivre

DÉROULEMENT

1 PRÉPARER LE POULET

2 PRÉPARER LA SAUCE

1 PRÉPARER LE POULET

Un cube de pain frit immédiatement quand l'huile est suffisamment chaude

3 Versez l'huile dans la poêle, sur une hauteur de 2 cm. Chauffez-la à feu modéré jusqu'à 180 °C. Vérifiez éventuellement la température avec un thermomètre à friture.

ANNE VOUS DIT

«Pour vérifier, sans thermomètre à friture, que l'huile est à bonne température, mettez dans la poêle un morceau de pain; il doit dorer en 1 min.»

1 Découpez le poulet en huit (voir p. 29). Mettez les morceaux dans le grand bol et recouvrez-les de lait. Fermez hermétiquement avec du film alimentaire et laissez mariner de 8 à 12 h.

Farinez légèrement les morceaux de poulet

4 Versez la farine assaisonnée dans un plat peu profond et roulez-y les morceaux de poulet. Tapotez-les pour bien les enrober.

ANNE VOUS DIT

«Pour fariner rapidement les morceaux de poulet, enfermez-les dans un sachet en plastique avec la farine assaisonnée et agitez le tout pendant 30 s.»

2 À l'aide de la cuiller percée, déposez les morceaux de poulet sur le plat. Jetez le lait.

5 Mettez les morceaux de poulet dans la sauteuse, peau vers le fond, en faisant attention aux éclaboussures d'huile bouillante. Faites-les dorer de 3 à 5 min.

6 Retournez les morceaux et baissez le feu.

7 Laissez rissoler les morceaux de 20 à 25 min. Assurez-vous alors qu'ils sont cuits en piquant dans leur chair une fourchette à rôti : elle doit s'y enfoncer facilement. Si certains morceaux sont prêts avant les autres, sortez-les de la sauteuse et réservez-les au chaud.

8 Posez le poulet dans le plat sur du papier absorbant et tenez-le au chaud.

ATTENTION !
Vous pouvez garder le poulet au chaud à four doux, mais ne le couvrez pas, car sa croûte dorée ramollirait.

Le papier absorbera toute la graisse

Une fourchette à long manche vous permettra de garder les doigts éloignés des éclaboussures d'huile bouillante

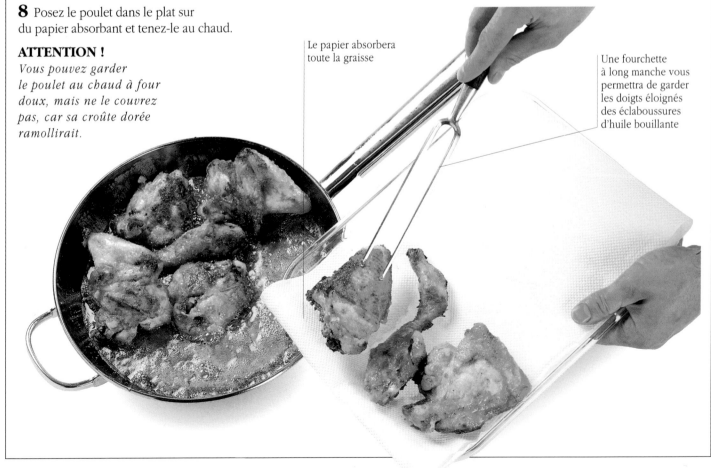

2 PRÉPARER LA SAUCE

1 Ne gardez que 2 cuil. à soupe de graisse dans la poêle; jetez le reste. Versez-y la farine en pluie.

2 Chauffez de 2 à 3 min en remuant avec la cuiller en métal.

3 Ajoutez le lait en fouettant et faites épaissir la sauce 2 min. Goûtez, rectifiez l'assaisonnement et versez dans une saucière.

¶⊙¶ POUR SERVIR

Disposez les morceaux de poulet sur un plat de service ou sur des assiettes individuelles. Servez la sauce à part.

Le poulet frit est tout aussi délicieux chaud que froid

V A R I A N T E

POULET FRIT AU BACON

Dans cette recette, le poulet cuit dans une plus petite quantité d'huile que dans la recette principale. Le bacon lui apporte toute sa saveur et sa sauce est relevée d'un peu de tabasco.

1 Faites mariner le poulet dans du lait en suivant la recette principale.
2 Ne mettez pas d'huile dans la sauteuse, mais faites-y revenir de 8 à 10 tranches de bacon. Quand elles sont bien dorées et qu'elles ont rendu toute leur graisse, sortez-les, séchez-les dans du papier absorbant et réservez-les au chaud.
3 Farinez les morceaux de poulet en suivant la recette principale, faites-les frire dans la graisse rendue par le bacon puis séchez-les dans du papier absorbant.
4 Préparez la sauce en ajoutant une ou deux gouttes de tabasco quand vous l'assaisonnez.
5 Servez le poulet accompagné du bacon coupé en petits morceaux.

POUSSINS EN COCOTTE VÉRONIQUE

Poussins farcis au raisin

†Ø† POUR 4 PERSONNES   **☕ PRÉPARATION : DE 30 À 45 MIN**   **♨ CUISSON : 1 H 15 À 1 H 30**

ÉQUIPEMENT

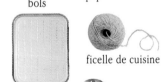
grande cocotte en fonte avec couvercle

casserole moyenne

ciseaux de cuisine

fourchette

couteau

cuillers en métal

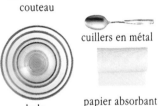
bols

papier absorbant

plat peu profond

ficelle de cuisine

cuiller percée

fouet

fourchette à rôti

brochette en inox

aluminium ménager

passoire en toile métallique

plaque à pâtisserie

Les poussins farcis et ficelés sont rôtis en cocotte couverte, à l'étouffée. Vous pouvez les remplacer par d'autres petits oiseaux, des pigeons ou des cailles par exemple. La farce se compose ici de semoule pour couscous; la garniture Véronique est un accompagnement traditionnel à base de raisin, de porto et de crème.

LE MARCHÉ

4 poussins	
30 g de beurre	
1 cuil. à soupe ou plus d'huile végétale	
sel et poivre	
Pour la farce	
60 g d'amandes décortiquées	
25 cl d'eau bouillante	
150 g de semoule pour couscous précuite	
30 g de beurre	
Pour la sauce	
15 cl de porto	
250 g de grains de raisin épépinés rouges ou blancs	
25 cl de bouillon de volaille	
2 cuil. à café d'arrow-root	
2 cuil. à soupe d'eau	
4 cuil. à soupe de crème épaisse	

INGRÉDIENTS

poussins

beurre

bouillon de volaille

amandes décortiquées

arrow-root

semoule pour couscous

crème épaisse

raisins

huile végétale

porto

DÉROULEMENT

1 PRÉPARER LA FARCE

2 FARCIR ET FICELER LES POUSSINS

3 CUIRE LES POUSSINS

4 PRÉPARER LA SAUCE

1 PRÉPARER LA FARCE À LA SEMOULE

1 Préchauffez le four à 180 °C. Étendez les amandes sur la plaque à pâtisserie et enfournez-les pour 10 à 12 min, jusqu'à ce qu'elles soient dorées. Sortez-les et portez la température du four à 190 °C.

2 Versez l'eau bouillante sur la semoule; laissez-la absorber l'eau et gonfler 2 min (à moins que les indications portées sur l'emballage ne soient différentes).

3 Avec le couteau chef, coupez le beurre en morceaux; ajoutez-les à la semoule chaude avec les amandes grillées. Remuez le tout à l'aide d'une fourchette pour obtenir une préparation homogène. Salez et poivrez selon votre goût.

2 FARCIR ET FICELER LES POUSSINS

1 Séchez l'intérieur et l'extérieur des poussins avec du papier absorbant, puis farcissez-les sans trop tasser. Rabattez la peau du ventre sur la cavité farcie.

Ne tassez pas trop la farce, car elle gonflera en cuisant

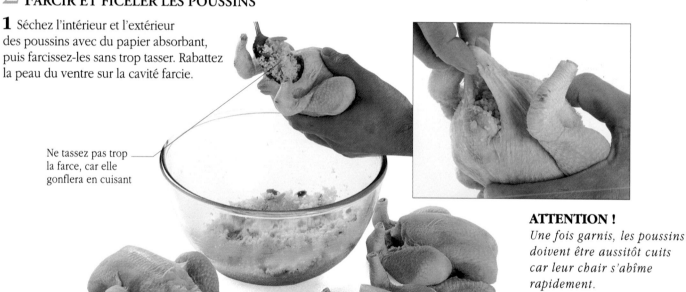

ATTENTION !
Une fois garnis, les poussins doivent être aussitôt cuits car leur chair s'abîme rapidement.

2 Rabattez la peau du cou et les ailerons sous la volaille. Passez la ficelle sous le croupion et attachez les cuisses en bas des pilons. Nouez serré.

3 Passez la ficelle le long des flancs du poussin et nouez ses extrémités autour des cuisses.

4 Tirez la ficelle sous la volaille et nouez-la.

5 Rabattez bien les ailerons vers l'arrière et attachez-les solidement.

3 CUIRE LES POUSSINS

1 Chauffez à feu vif le beurre et l'huile dans la cocotte. Mettez-y 2 poussins sur le ventre et faites-les rissoler de 5 à 10 min, en les retournant à mi-cuisson. Salez, poivrez et sortez-les. Procédez de la même façon pour les 2 autres poussins, en rajoutant éventuellement un peu d'huile.

2 Remettez les 2 premiers poussins dans la cocotte et faites cuire à four chaud de 50 à 60 min, jusqu'à ce qu'ils soient tendres. Assurez-vous alors qu'ils sont cuits en piquant la brochette dans la partie la plus grasse d'une cuisse : le jus qui s'écoule doit être incolore. À l'aide de la cuiller percée, déposez les poussins sur un plat. Couvrez d'aluminium ménager et réservez au chaud.

Grâce au couvercle de la cocotte, le jus de cuisson ne s'évapore pas

ANNE VOUS DIT
«Vous pouvez cuire une partie de la farce à part, dans un plat couvert. Comptez de 30 à 40 min pour les poussins et de 10 à 15 min pour la farce.»

4 PRÉPARER LA SAUCE VÉRONIQUE

Les raisins sont parfumés au porto

1 Dans la casserole, chauffez le porto à feu vif jusqu'à ce qu'il ait réduit de moitié. Laissez-y mijoter les grains de raisin 1 min, puis sortez-les avec la cuiller percée et réservez-les.

2 Videz toute la graisse de la cocotte. Versez-y le bouillon de volaille et chauffez à feu vif, en remuant pour dissoudre les sucs, jusqu'à ce que le liquide ait réduit de moitié.

3 Passez le bouillon à travers le chinois dans la casserole contenant le porto. Portez la sauce à ébullition en remuant.

4 Faites dissoudre l'arrow-root dans l'eau pour obtenir une pâte légère. Ajoutez-la, en mélangeant avec le fouet, à la sauce au porto, qui va épaissir.

5 Versez la crème, puis ajoutez les grains de raisin et portez à ébullition. Goûtez et rectifiez l'assaisonnement.

🍴 POUR SERVIR

Enlevez les ficelles des poussins. Disposez-les avec un peu de sauce Véronique et des grains de raisin sur des assiettes individuelles. Servez à part le reste de sauce.

Des haricots
apportent leur vert
à ce plat

**La farce
à la semoule**
cuite à part est disposée
sur le bord des assiettes

VARIANTE

POUSSINS FARCIS À LA SAUCE PIMENTÉE

Cette sauce aux parfums du Moyen-orient accompagne très bien la sauce à la semoule.

1 Farcissez et cuisez les poussins en suivant la recette principale. Ne préparez pas la sauce Véronique.

2 Pelez, épépinez et concassez 500 g de tomates. Hachez 1 oignon et faites-le fondre dans 1 cuil. à soupe d'huile végétale. Ajoutez-y les tomates, 3 cuil. à soupe de bouillon de volaille, 1 pincée de coriandre en poudre et 1 cuil. à café de harissa ou de piment de Cayenne, selon votre goût. Laissez réduire et épaissir le mélange de 10 à 20 min. Ajoutez 60 g d'olives noires dénoyautées et hachées. Goûtez et rectifiez l'assaisonnement.

3 Lorsque les poussins sont cuits, enlevez la graisse de la cocotte. Faites dissoudre les sucs de cuisson dans 15 cl de bouillon de volaille, puis ajoutez-le à la préparation à base de tomates. Servez les poussins accompagnés de cette sauce pimentée.

— SAVOIR S'ORGANISER —

Vous pouvez préparer les poussins et la sauce jusqu'à la moitié de l'étape 4 (avant d'ajouter l'arrow-root) 24 h à l'avance. Versez le mélange de porto et de bouillon sur les poussins cuits et conservez-les au réfrigérateur. Avant de terminer la sauce, réchauffez les poussins au four à 180 °C de 20 à 25 min.

MOUSSES DE POULET CHAUDES ET SAUCE MADÈRE

🍽 POUR 6 PERSONNES   🥣 PRÉPARATION : DE 20 À 35 MIN*   🍲 CUISSON : 20 À 30 MIN

ÉQUIPEMENT

hachoir

petite poêle

ciseaux de cuisine

bols

couteau à désosser

pinceau à pâtisserie

crayon

cuillers en bois

casseroles

passoire

plat à rôtir

papier sulfurisé

6 ramequins de 10 cm de diamètre

couteau chef

cuiller en métal

palette

pelle charcutier

plats peu profonds

fouet

planche à découper

brochette en inox

Ces mousses de poulet crémeuses et légères enrobées de fines rondelles de courgettes se servent chaudes, en entrée ou en plat principal; dans ce cas, vous les accompagnerez de riz au safran (voir p. 87).

SAVOIR S'ORGANISER

Vous pouvez préparer les mousses 24 h à l'avance et les conserver au réfrigérateur. Réchauffez-les à feu doux au bain-marie, de 10 à 15 min. Préparez la sauce juste avant de servir. Il vous est cependant possible de la garder 30 min en plaçant la casserole dans un récipient d'eau chaude (mais pas trop, car la sauce se déferait).

* plus 15 à 30 min de temps de refroidissement

LE MARCHÉ

500 g de blancs de poulet sans peau
2 blancs d'œufs
sel et poivre
noix muscade en poudre
20 cl de crème épaisse
2 courgettes moyennes
beurre pour graisser les ramequins
Pour la sauce
2 gousses d'ail
2 échalotes
125 g de beurre
3 cuil. à soupe de madère
1 cuil. à soupe de crème épaisse

INGRÉDIENTS

blancs de poulet

beurre

échalotes

gousses d'ail

crème épaisse

noix muscade en poudre

blancs d'œufs

madère

courgettes

DÉROULEMENT

1 PRÉPARER LA MOUSSE

2 ÉMINCER ET CUIRE LES COURGETTES

3 APPRÊTER LES RAMEQUINS

4 GARNIR LES RAMEQUINS ET CUIRE LES MOUSSES

5 PRÉPARER LA SAUCE ET TERMINER LE PLAT

1 PRÉPARER LA MOUSSE DE POULET

1 Enlevez le tendon des blancs de poulet. À l'aide du couteau chef, coupez-les en morceaux et hachez-les dans le hachoir équipé de la grille la plus fine. Mettez le hachis dans un bol moyen placé dans un bol plus grand rempli de glace.

ANNE VOUS DIT
«Le hachoir donne au hachis une consistance légère; si vous utilisez un robot ménager, ne le faites pas tourner trop longtemps.»

Posez le bol sur des glaçons pendant que vous ajoutez la crème

2 Montez les blancs d'œufs en neige à l'aide du fouet. Incorporez-les au hachis par petites quantités, en remuant à chaque fois avec la cuiller en bois pour que le mélange soit homogène et ferme. Salez, poivrez, ajoutez une pincée de noix muscade. Si la préparation est trop molle, laissez-la refroidir sur les glaçons ou au réfrigérateur pour la raffermir.

ANNE VOUS DIT
«Les glaçons bougent sous le bol; tenez-le fermement pendant que vous mélangez la préparation.»

3 Ajoutez la crème par petites quantités en remuant vigoureusement. Raffermissez la préparation en posant le bol sur de la glace ou en le mettant au réfrigérateur 15 min environ. Faites frire une noisette de mousse dans la poêle; goûtez et rectifiez éventuellement l'assaisonnement.

2 ÉMINCER ET CUIRE LES COURGETTES

Émincez finement les courgettes

1 Ôtez les extrémités des courgettes et émincez-les en fines rondelles. Portez une casserole d'eau salée à ébullition; faites-y cuire les légumes à feu doux de 1 à 2 min.

2 Égouttez les courgettes dans la passoire, rincez-les sous un filet d'eau froide pour interrompre leur cuisson, puis séchez-les soigneusement dans du papier absorbant.

3 APPRÊTER LES RAMEQUINS

Le papier sulfurisé évite que la mousse colle au ramequin

1 À l'aide d'un ramequin posé sur le papier sulfurisé, dessinez au crayon 6 cercles espacés nettement les uns des autres; découpez-les avec les ciseaux de cuisine.

2 À l'aide du pinceau, beurrez l'intérieur des ramequins, posez le papier au fond et beurrez-le. Préchauffez le four à 180 °C.

4 GARNIR LES RAMEQUINS ET CUIRE LES MOUSSES

1 Disposez les rondelles de courgettes sur le fond et le bord des ramequins : elles doivent se chevaucher légèrement.

La mousse doit atteindre le haut de la rangée de courgettes

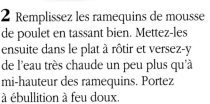

3 Couvrez le plat de papier sulfurisé et enfournez pour 20 à 30 min. Pendant la cuisson, préparez la sauce.

2 Remplissez les ramequins de mousse de poulet en tassant bien. Mettez-les ensuite dans le plat à rôtir et versez-y de l'eau très chaude un peu plus qu'à mi-hauteur des ramequins. Portez à ébullition à feu doux.

5 PRÉPARER LA SAUCE ET TERMINER LE PLAT

1 Hachez finement les gousses d'ail et les échalotes. Chauffez 30 g de beurre dans une petite casserole, ajoutez-y l'ail et les échalotes et faites-les fondre de 2 à 3 min. Ajoutez le madère et chauffez de 2 à 3 min en remuant pour dissoudre les sucs de cuisson, jusqu'à ce que la sauce épaississe.

2 Ajoutez la crème et faites bouillir pour réduire la sauce. Retirez du feu et ajoutez le reste du beurre par petits morceaux, en remettant régulièrement la casserole sur le feu; continuez jusqu'à ce que tout le beurre soit incorporé.

ATTENTION !
Le beurre doit épaissir la sauce sans se transformer en huile; si la chaleur est trop vive, la sauce se défera.

Pour démouler la mousse, posez l'assiette renversée sur le ramequin puis retournez rapidement le tout

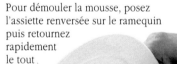

🍽 POUR SERVIR
Prenez un ramequin dans une de vos mains protégée par un torchon, retenez de l'autre la mousse avec la pelle charcutier, videz le liquide puis démoulez chaque mousse sur une assiette chaude. Versez un peu de sauce à côté.

Un torchon protégera votre main de la chaleur

MOUSSES FROIDES AU COULIS DE TOMATES

Ces mousses de poulet, servies à température ambiante, sont joliment présentées sur un coulis de tomates fraîches.

1 Préparez et faites cuire les mousses en suivant la recette principale. Laissez-les refroidir à température ambiante.
2 Pelez, épépinez et concassez grossièrement 250 g de tomates fraîches puis réduisez-les en purée dans un robot ménager. Sans arrêter l'appareil, ajoutez peu à peu 1 cuil. à soupe d'huile d'olive : l'émulsion se fait et la préparation se lie. Salez et poivrez selon votre goût. Remplacez la sauce au madère de la recette principale par ce coulis de tomates.
3 Démoulez les mousses sur des assiettes individuelles, entourez-les de coulis et décorez de menthe ciselée.

Un peu de sauce au madère accompagne chaque mousse

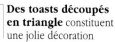

Des toasts découpés en triangle constituent une jolie décoration

CASSOLETTES DE POULET SOUS LEUR CHAPEAU AUX HERBES

🍽 POUR 4 À 6 PERSONNES   🥣 PRÉPARATION : DE 25 À 35 MIN   🍲 CUISSON : 25 MIN

ÉQUIPEMENT

couteau chef

spatule en bois

pinceau
à pâtisserie

emporte-pièce de
8,5 cm de diamètre

passoire

passoire en
toile métallique

casseroles

fouet   bols

grands couteaux
à beurre

grande cuiller
en métal

4 à 6 cassolettes
individuelles de
12 cm de diamètre

planche
à découper

Ce poulet cuit en cassolette sous un chapeau parfumé aux herbes est l'une de mes recettes préférées. Ce plat se sert sans accompagnement.

SAVOIR S'ORGANISER

Vous pouvez préparer la garniture 24 h à l'avance
et la conserver au réfrigérateur, mais ne mélangez
la pâte qu'au dernier moment.

LE MARCHÉ

3 carottes moyennes
3 branches de céleri
1 petit bouquet de persil frais
1 oignon moyen
750 g de grosses pommes de terre
1 litre de bouillon de volaille
150 ou 200 g de petits pois
1 poulet rôti de 1,8 kg ou 500 g de chair de poulet rôti, sans os ni peau
60 g de beurre
30 g de farine
20 cl de crème épaisse
noix muscade en poudre
sel et poivre
1 œuf
Pour les chapeaux
250 g de farine
1 cuil. à soupe de levure
1 cuil. à café de sel
60 g de beurre
15 cl ou plus de lait
1 petit bouquet de persil frais

INGRÉDIENTS

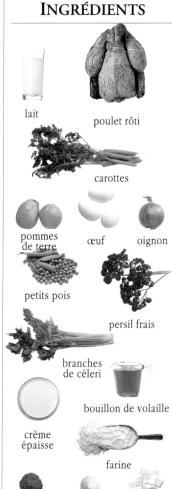

lait   poulet rôti

carottes

pommes
de terre   œuf   oignon

petits pois

persil frais

branches
de céleri

bouillon de volaille

crème
épaisse

farine

noix   levure   beurre
muscade chimique

DÉROULEMENT

1 PRÉPARER
LA GARNITURE

2 PRÉPARER
LES CHAPEAUX

3 REMPLIR ET CUIRE
LES CASSOLETTES

1 PRÉPARER LA GARNITURE

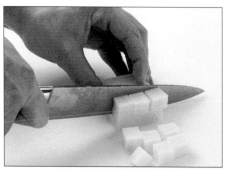

1 Coupez les carottes en rondelles; ôtez les extrémités des branches de céleri et émincez-les. Ciselez le persil et hachez l'oignon.

2 Taillez les bords des pommes de terre au carré, coupez-les en tranches, empilez-les et détaillez-les en bandes de même épaisseur.

3 Rassemblez les bandes de pomme de terre, puis découpez-les en dés moyens.

Versez les légumes bien égouttés sur les morceaux de poulet

5 Ajoutez les petits pois et laissez mijoter 5 min, jusqu'à ce que les légumes soient tendres.

6 Égouttez les légumes dans la passoire en réservant le bouillon. Si le poulet cuit est entier, enlevez la peau et les nerfs, détachez la viande des os, découpez-la en petits morceaux et mettez-la dans un grand bol. Versez par-dessus les légumes égouttés.

4 Chauffez le bouillon dans une grande casserole. Quand il bout, mettez-y les carottes, les pommes de terre et le céleri, et laissez frémir 3 min.

Ajoutez la crème pour enrichir la sauce

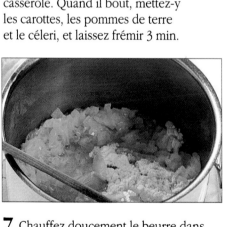

7 Chauffez doucement le beurre dans une petite casserole à feu modéré. Faites-y fondre l'oignon haché de 2 à 3 min, sans le laisser brunir. Versez la farine en pluie et laissez-la cuire de 1 à 2 min en remuant.

8 Versez dans la casserole 50 cl de bouillon et laissez épaissir en fouettant. Chauffez encore 2 min puis ajoutez la crème et une pincée de noix muscade en poudre. Goûtez et rectifiez l'assaisonnement.

9 Versez la sauce sur le poulet et les légumes, ajoutez le persil haché et remuez doucement pour bien mélanger les ingrédients.

2 PRÉPARER LES CHAPEAUX AUX HERBES

Ajoutez juste assez de lait pour obtenir une pâte dense

1 Au-dessus d'un grand bol, tamisez la farine, la levure et le sel, et mélangez. Mettez le beurre au centre et découpez-le en petits morceaux à l'aide des 2 grands couteaux à beurre.

2 Travaillez le mélange à la main jusqu'à ce qu'il s'émiette; soulevez-le et roulez-le bien entre vos doigts pour l'aérer. Hachez le persil et ajoutez-le à la pâte.

3 Creusez un puits au centre, versez-y le lait et mélangez rapidement la préparation à l'aide d'un couteau à beurre pour obtenir une pâte grossière. Rajoutez un peu de lait si le mélange vous paraît trop sec.

4 Pétrissez la pâte entre vos doigts jusqu'à ce qu'elle ne colle plus. Posez-la sur un plan de travail fariné et pétrissez-la encore légèrement quelques secondes.

ATTENTION !
Si vous travaillez la pâte trop longtemps, elle durcira.

Pétrissez la pâte jusqu'à ce qu'elle soit homogène

Découpez les cercles côte à côte

ANNE VOUS DIT
«Si vous n'avez pas d'emporte-pièce, découpez la pâte à l'aide d'un grand verre retourné.»

5 Abaissez la pâte avec vos doigts, sans l'étirer, en un disque de 1 cm d'épaisseur.

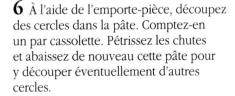

6 À l'aide de l'emporte-pièce, découpez des cercles dans la pâte. Comptez-en un par cassolette. Pétrissez les chutes et abaissez de nouveau cette pâte pour y découper éventuellement d'autres cercles.

3 GARNIR ET CUIRE LES CASSOLETTES

2 Recouvrez chaque cassolette d'un chapeau de pâte. À l'aide du pinceau, enduisez-les d'œuf battu avec une pincée de sel. Mettez à four chaud pour 15 min. Baissez alors la température à 180 °C et poursuivez la cuisson pour 7 à 10 min, jusqu'à ce que la croûte ait doré et que la garniture soit chaude.

1 Préchauffez le four à 220 °C. Remplissez les cassolettes en répartissant dans chacune la même quantité de garniture.

VARIANTE

CASSOLETTE GÉANTE

1 Préparez la garniture en suivant la recette principale.
2 Ne la versez pas dans des cassolettes individuelles, mais dans un grand plat à rôtir.
3 Préparez la pâte sans utiliser le persil et découpez-la à l'emporte-pièce en 8 cercles de 6 cm de diamètre.
4 Disposez les chapeaux de pâte sur la garniture puis badigeonnez-les d'œuf. Enfournez pour 15 min à 220 °C et pour 20 à 25 min à 180 °C.

La garniture chaude répand un délicieux parfum

Le chapeau de croûte prend en cuisant une belle couleur dorée

Les cassolettes individuelles ont un charme rustique mais vous pouvez aussi utiliser des bols allant au four

POUSSINS EN CRAPAUDINE À LA DIJONNAISE

Poussins grillés et sauce aux champignons

🍽 POUR 2 PERSONNES   🥣 PRÉPARATION : DE 30 À 40 MIN   ♨ CUISSON : 35 À 40 MIN

ÉQUIPEMENT

ciseaux à volaille

fourchette

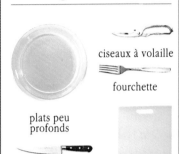
plats peu profonds

couteau chef

fourchette à rôti

planche à découper

casseroles

fouet

papier absorbant

cuiller en bois

pinceau à pâtisserie

4 brochettes en inox

Ouvertes, aplaties et grillées, les volailles ressemblent à des crapauds : on dit donc qu'elles sont apprêtées en crapaudine. Vous pouvez remplacer les poussins par des cailles ou, à défaut, par un petit poulet pour deux. Ils s'accompagnent ici d'une sauce aux champignons relevée de moutarde de Dijon.

LE MARCHÉ

2 poussins
huile pour graisser la grille du four
30 g de beurre
sel et poivre
1 cuil. à soupe de moutarde de Dijon
15 g de chapelure
quelques feuilles de cresson pour décorer le plat
Pour la sauce
60 g de beurre
15 g de farine
150 g de champignons de Paris
2 échalotes
1 gousse d'ail
5 cl de vin blanc sec
5 cl de vinaigre de vin blanc
1 ou 2 cuil. à soupe de moutarde de Dijon, selon votre goût
40 cl de bouillon de volaille

INGRÉDIENTS

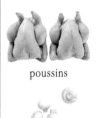
poussins

échalotes

champignons de Paris

cresson

vinaigre de vin blanc

vin blanc sec

beurre

bouillon de volaille

moutarde de Dijon

chapelure

gousse d'ail

farine

DÉROULEMENT

1 OUVRIR ET APLATIR LES POUSSINS

2 GRILLER LES POUSSINS

3 PRÉPARER LA SAUCE

1 OUVRIR ET APLATIR LES POUSSINS

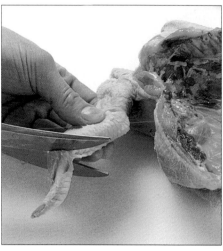

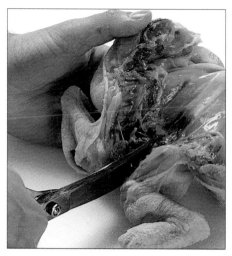

1 Posez un poussin, sur le ventre, sur la planche à découper. À l'aide des ciseaux à volaille, ouvrez les 2 côtés de la cage thoracique; enlevez la colonne vertébrale.

2 Ôtez les lambeaux de peau qui dépassent et l'extrémité des ailerons.

3 Écartez la volaille pour l'ouvrir; ôtez le bréchet et séchez l'intérieur du poussin avec du papier absorbant.

4 Mettez le poussin sur le dos, cuisses tournées vers l'intérieur. Avec la paume de vos mains, appuyez fortement sur la poitrine pour briser la cage thoracique et aplatir la volaille.

Aplatissez le poussin en pressant fortement avec vos mains

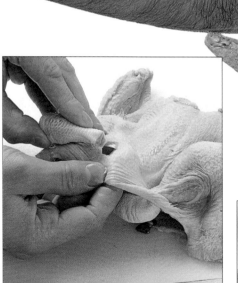

ANNE VOUS DIT

«Ainsi ouvertes et aplaties, les petites volailles restent très moelleuses; quand elles sont entières, en effet, leurs os ont tendance à disperser la chaleur. Si vous utilisez un poulet, plus gros, arrosez-le souvent de beurre fondu pendant la cuisson.»

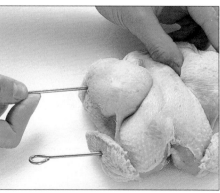

6 Faites glisser une des brochettes d'un aileron à l'autre et la seconde d'une cuisse à l'autre. Procédez de la même façon pour l'autre poussin.

5 Faites un trou dans la peau entre les cuisses et la carcasse et coincez-y les extrémités des ailerons repliés.

GRILLER LES POUSSINS

1 Allumez le gril du four et huilez la grille. À l'aide du pinceau à pâtisserie, enduisez les poussins de la moitié du beurre fondu. Salez et poivrez.

Badigeonnez les poussins d'une mince pellicule de beurre

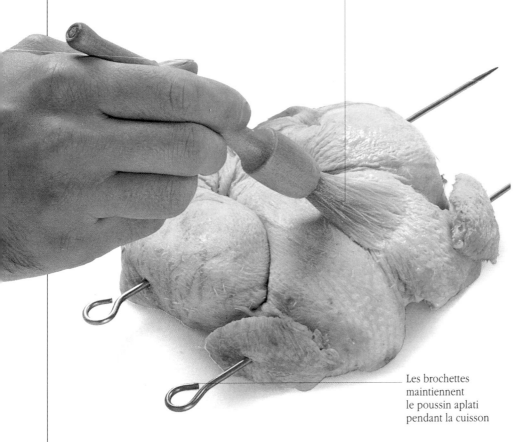

Les brochettes maintiennent le poussin aplati pendant la cuisson

2 Posez les poussins, peau vers le haut, sur la grille du four. Enfournez-les à 10 cm sous la source de chaleur. Après 15 min, enduisez-les de nouveau de beurre.

3 Retournez les poussins à l'aide de la fourchette à rôti. Badigeonnez-les avec le reste du beurre et enfournez-les pour 10 min encore.

4 Remettez les poussins dos en l'air, enduisez-les de moutarde et saupoudrez-les de chapelure. Grillez-les 10 min de plus. Assurez-vous alors qu'ils sont cuits en piquant une cuisse avec la fourchette à rôti : elle doit s'y enfoncer facilement.

ATTENTION !

Si les poussins dorent trop vite, descendez la grille du four quel que soit le temps de cuisson écoulé.

3 PRÉPARER LA SAUCE AUX CHAMPIGNONS

Nettoyez les champignons avec du papier absorbant avant de les émincer

1 Dans un plat peu profond, ramollissez la moitié du beurre en le mélangeant avec la farine. Travaillez cette pâte à la fourchette jusqu'à ce qu'elle soit lisse.

2 Lavez et émincez les champignons. Hachez finement les échalotes et la gousse d'ail.

3 Chauffez la moitié du beurre restant dans une casserole moyenne. Ajoutez les champignons et faites-les revenir de 3 à 5 min en remuant jusqu'à ce qu'ils soient légèrement dorés.

ANNE VOUS DIT
«La pâte ne doit pas être trop dure pour bien se mélanger à la sauce. Éventuellement, travaillez-la quelques instants avec les doigts : leur chaleur ramollira le beurre.»

4 Chauffez le reste du beurre dans une autre casserole; faites-y fondre les échalotes et l'ail. Ajoutez le vinaigre et le vin puis faites réduire à feu doux : il ne doit rester que 2 cuil. à soupe de liquide.

Versez les champignons dorés dans la sauce à la moutarde et laissez mijoter quelques minutes de plus

5 Ajoutez la moutarde et le bouillon; remuez bien.

6 Ajoutez les champignons et cuisez 5 min à feu doux.

7 Incorporez la pâte au beurre morceau par morceau en fouettant sans arrêt la sauce; celle-ci doit être suffisamment épaisse pour napper légèrement le dos de la cuiller en bois.

Ajoutez la pâte progressivement en fouettant jusqu'à ce que la sauce soit suffisamment épaisse

🍽 POUR SERVIR

Détachez les feuilles de cresson de leur tige en les tordant. Enlevez les brochettes qui maintenaient les volailles. Disposez les poussins sur des assiettes. Décorez de feuilles de cresson et nappez de sauce. Servez le reste de sauce à part.

Des bouquets de feuilles de cresson décorent le plat

SAVOIR S'ORGANISER

Vous pouvez préparer la sauce 3 jours à l'avance et la conserver au réfrigérateur, dans un récipient couvert. Les poussins, éventuellement ouverts et aplatis quelques heures avant, doivent cependant être grillés au dernier moment.

Des frites, le plus fines possible, ou, mieux, des pommes paille — des pommes de terre taillées en julienne et frites — accompagnent traditionnellement les poussins grillés

110

VARIANTE
POULET EN CRAPAUDINE ET BEURRE D'AIL ET D'HERBES

*Vous pouvez griller
en crapaudine une volaille plus
grosse en suivant la recette
principale. Pour lui garder
son moelleux, vous glisserez
sous sa peau un beurre d'ail
et d'herbes. Servez-la sans
la sauce aux champignons,
simplement accompagnée
de persil ou d'estragon
et découpée en quatre
à l'aide d'un couteau chef
et de ciseaux à volaille.*

**Un beurre d'ail
et d'herbes** parfume
délicieusement ce poulet
en crapaudine grillé

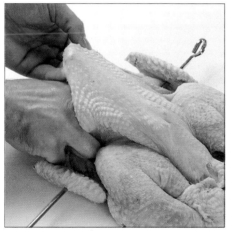

1 En suivant la recette principale, ouvrez, aplatissez et maintenez avec 2 brochettes un poulet de 1,5 kg.
2 Ciselez 1 petit bouquet de persil et 1 autre d'estragon. Hachez finement 2 gousses d'ail. À l'aide d'une fourchette, mélangez les herbes et l'ail avec 125 g de beurre ramolli. Salez, poivrez et assaisonnez d'une goutte de jus de citron selon votre goût.

3 Détachez la peau du ventre du poulet en la pinçant entre vos doigts. À l'aide d'un couteau d'office, écartez la peau au niveau du haut des cuisses puis décollez-la de la chair en glissant délicatement vos doigts dessous.

4 Enduisez du bout des doigts la chair proche des cuisses avec la moitié du beurre d'ail et d'herbes. Étalez le reste sous la peau du ventre.
5 Grillez le poulet en suivant la recette principale, mais n'utilisez ni la moutarde, ni la chapelure. Faites-le cuire 20 min sur le ventre, 15 min sur le dos, puis de 10 à 15 min encore sur le ventre en l'arrosant avec le jus de cuisson.

TOURTE FROIDE AU JAMBON

ÉQUIPEMENT

hachoir**

ciseaux de cuisine

couteau d'office

couteau chef

petite poêle

pinceau à pâtisserie

couteau à désosser

palette

bols

rouleau à pâte

râpe

aluminium ménager

moule à tourte rond de 20 ou 25 cm de diamètre

casserole moyenne

cuiller en bois

cuiller en métal

fourchette

grands couteaux à beurre

plats peu profonds

passoire en toile métallique

brochette en inox

** ou robot ménager

Une croûte moelleuse au beurre et au saindoux entoure une riche garniture de poulet, de porc, d'œufs durs et de jambon. Ce plat se déguste avec de la salade verte, du chutney d'oignons ou de petits oignons au vinaigre.

SAVOIR S'ORGANISER

Vous pouvez préparer le pâté en croûte 3 jours à l'avance et le conserver au réfrigérateur, ou même le congeler pendant 1 mois.

plus 6 à 8 h de temps de réfrigération

LE MARCHÉ

4 beaux blancs de poulet sans peau, soit environ 750 g
400 g de porc maigre désossé
1 citron
9 œufs
1 cuil. à café de thym séché
1 cuil. à café de sauge séchée
noix muscade en poudre
sel et poivre
400 g de jambon maigre cuit
un peu de beurre pour graisser le moule
Pour la pâte
500 g de farine
2 cuil. à café de sel
75 g de beurre
75 g de saindoux
15 cl ou plus d'eau

INGRÉDIENTS

blancs de poulet

œufs

porc

citron

jambon

saindoux

beurre

noix muscade en poudre

thym séché

sauge séchée

farine

DÉROULEMENT

1 PRÉPARER LA PÂTE

2 PRÉPARER LA GARNITURE

3 FONCER LE MOULE

4 GARNIR ET CUIRE LA TOURTE

1 PRÉPARER LA PÂTE

1 Au-dessus d'un grand bol, tamisez la farine assaisonnée d'une pincée de sel. Creusez un puits au centre.

2 Mettez le beurre et le saindoux dans le puits et découpez-les en petits morceaux à l'aide des grands couteaux à beurre.

ANNE VOUS DIT
«Si vos mains sont chaudes, le beurre fondra et la pâte sera huileuse. Dans ce cas, préparez-la dans un robot ménager.»

3 Travaillez le mélange jusqu'à ce qu'il s'émiette; soulevez-le et roulez-le entre vos doigts pour l'aérer.

Soulevez la pâte pendant que vous la travaillez afin de l'aérer

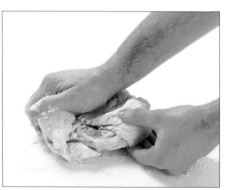

4 Creusez de nouveau un puits. Versez-y l'eau et mélangez rapidement avec un des couteaux. Rajoutez 1 ou 2 cuil. à soupe d'eau si la pâte vous semble trop sèche.

5 Pétrissez la pâte avec vos doigts jusqu'à ce qu'elle ne colle plus.

6 Posez la pâte sur un plan de travail fariné et pétrissez-la sous le talon de vos mains jusqu'à ce qu'elle soit lisse. Laissez-la reposer, emballée, 30 min au réfrigérateur. Pendant ce temps, préparez la garniture.

2 PRÉPARER LA GARNITURE

1 Enlevez le tendon des blancs de poulet. Coupez-en deux en morceaux, ainsi que le porc; réservez les autres blancs.

2 Hachez les morceaux de porc et de poulet à l'aide du hachoir équipé de la grille la plus fine ou d'un robot ménager. Mettez le hachis dans un grand bol.

ANNE VOUS DIT

«Le hachoir donne une consistance plus légère; si vous utilisez un robot ménager, ne le faites pas tourner trop longtemps.»

3 Râpez le zeste d'un demi-citron au-dessus du bol.

ANNE VOUS DIT

«Pour récupérer tout le zeste, passez sur la râpe une petite brosse dure.»

4 Battez 2 œufs à la fourchette; ajoutez-les au hachis avec le thym, la sauge, la noix muscade, le sel et le poivre. Mélangez vigoureusement à l'aide de la cuiller en bois de 3 à 5 min jusqu'à ce que la préparation se décolle des parois du bol.

5 Faites frire une noix de garniture dans la petite poêle, en la retournant à mi-cuisson. Goûtez et rectifiez l'assaisonnement.

La présentation sera plus agréable si vous découpez le poulet et le jambon en dés réguliers

Les œufs battus lient le hachis

6 Découpez les 2 blancs restants et le jambon en dés réguliers. Mélangez-les à la garniture.

ANNE VOUS DIT

«Pour une présentation raffinée, disposez régulièrement les cubes de poulet et de jambon entre des couches de hachis au lieu de les mélanger.»

3 FONCER LE MOULE

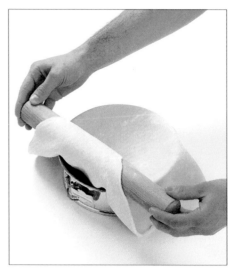

1 Beurrez le fond et les côtés du moule à tourte à l'aide du pinceau à pâtisserie.

ANNE VOUS DIT

«Pour chemiser le moule, vous pouvez utilisez du beurre fondu ou ramolli.»

2 Roulez en boule 3/4 de la pâte; réservez le reste, emballé, au réfrigérateur. Sur un plan de travail fariné, abaissez la pâte en un disque de 5 mm d'épaisseur, suffisamment grand pour tapisser entièrement le moule (posez celui-ci sur la pâte pour vérifier que le disque est assez grand).

3 Enroulez doucement la pâte sur le rouleau à pâte et déroulez-la au-dessus du moule.

ATTENTION !

N'étirez pas trop la pâte, elle se rétracterait en cuisant.

4 Foncez le moule; pressez la pâte sur le fond et sur les côtés pour qu'elle y adhère bien. La pâte ne doit pas plisser quand vous l'appliquez sur les bords.

Maniez la pâte délicatement : elle ne doit ni friser, ni se déchirer

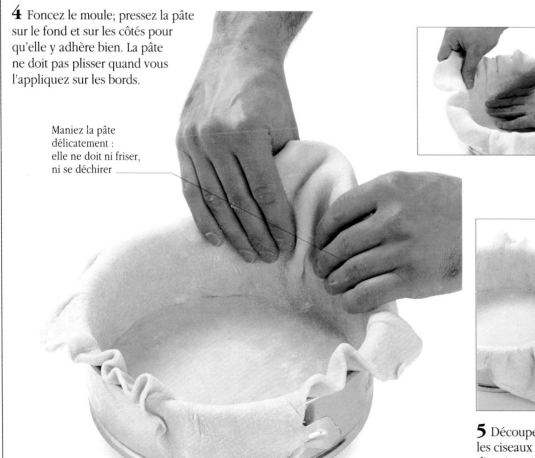

5 Découpez les bords de la pâte avec les ciseaux en la laissant déborder d'environ 1 cm tout autour du moule. Mélangez les chutes au reste de la pâte.

4 GARNIR ET CUIRE LA TOURTE

1 Mettez 8 œufs dans une casserole d'eau froide. Portez à ébullition et laissez frémir 10 min. Retirez la casserole du feu et remplissez-la immédiatement d'eau froide pour interrompre la cuisson. Laissez les œufs refroidir et écalez-les.

2 Étalez la moitié de la garniture dans le moule. Enfoncez-y légèrement les œufs durs puis recouvrez du reste de garniture, en tassant bien pour ne pas laisser de vide.

3 Repliez les bords de la pâte sur la garniture. Battez le dernier œuf avec une pincée de sel et utilisez-en un peu pour badigeonner le rebord de pâte à l'aide du pinceau.

4 Abaissez le reste de pâte en un disque d'environ 5 mm d'épaisseur. Posez le moule dessus et découpez en suivant le bord pour obtenir un couvercle de la taille exacte du moule.

Suivez le bord du moule pour découper le couvercle. Réservez les chutes pour décorer la tourte

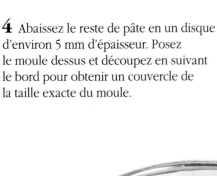

5 Posez le couvercle de pâte sur la garniture et soudez les bords en les pressant fermement l'un sur l'autre.

6 À l'aide de la brochette, percez un trou au centre du couvercle; glissez-y un petit rouleau d'aluminium ménager. Cette cheminée permettra à la vapeur de s'échapper pendant la cuisson.

Disposez les feuilles sur le couvercle et badigeonnez-les d'œuf battu

7 Abaissez les chutes de pâte sur une épaisseur d'environ 5 mm; découpez-les en bandes de 2,5 cm de large puis taillez chaque bande en biais pour obtenir des losanges. Dessinez sur le dessus des entailles avec le côté non affûté de la lame du couteau d'office. Formez des feuilles en incurvant légèrement les losanges.

8 Enduisez le couvercle, à l'aide du pinceau, d'œuf battu; décorez-le des feuilles et badigeonnez-les. Mettez la tourte au réfrigérateur pour l'affermir. Préchauffez le four à 200 °C.

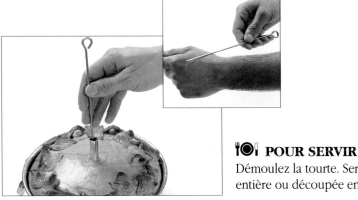

9 Enfournez la tourte pour 1 h environ, jusqu'à ce que le couvercle soit dur. Réduisez la température du four à 180 °C et laissez-y le plat encore 30 min. Assurez-vous que la tourte est cuite en piquant la brochette 30 s dans la garniture : elle doit ressortir chaude. Quand la tourte est froide, enlevez la cheminée et mettez au réfrigérateur pour 6 à 8 h.

ATTENTION !
Si la tourte brunit trop vite, couvrez-la d'aluminium ménager. Si la dorure craquelle, badigeonnez de nouveau d'œuf battu.

🍽 **POUR SERVIR**
Démoulez la tourte. Servez-la froide, entière ou découpée en parts généreuses.

TOURTE CHAUDE AU POULET ET AU JAMBON
Cette tourte se réalise en suivant la recette principale, mais sans les œufs durs. Elle se sert chaude, en entrée, accompagnée d'une sauce crémeuse au raifort.

Pour préparer la sauce au raifort, battez 25 cl de crème épaisse. Lorsqu'elle est moins dense, ajoutez 2 ou 3 cuil. à soupe de raifort frais râpé ou 3 ou 4 cuil. à soupe de raifort râpé et séché. Goûtez et rectifiez l'assaisonnement.

Les dés de poulet et de jambon entourent les œufs durs dans le hachis de viande parfumé aux herbes

117

SAUTÉ DE POULET AU VINAIGRE DE VIEUX VIN

Poulet bourguignon à la sauce aillée

🍴 POUR 4 PERSONNES   🥣 PRÉPARATION : DE 15 À 20 MIN   🍲 CUISSON : DE 1 H À 1 H 15

ÉQUIPEMENT

ficelle de cuisine

grande sauteuse
avec couvercle

casserole

couteau chef

fourchette à rôti

cuiller en bois

petite louche

fouet

chinois

planche à découper

ANNE VOUS DIT

*«Vous pouvez choisir
parmi différents vinaigres
aromatisés, chacun donnant
au plat un goût particulier.
S'il a un arôme très
prononcé — comme
le vinaigre de xérès ou
le vinaigre balsamique —,
n'utilisez que le quart de
la quantité indiquée.»*

*Cette recette de poulet accompagné d'une sauce
au vinaigre de vin, à la tomate et à l'ail utilise
la technique classique du sauté. La quantité
d'ail qui entre dans sa préparation peut
surprendre, mais les gousses épaississent
la sauce et s'adoucissent en cuisant.*

SAVOIR S'ORGANISER

Vous pouvez préparer le sauté et la sauce 24 h à l'avance
et les conserver au réfrigérateur, dans un récipient couvert.

LE MARCHÉ

1 poulet de 1,5 kg
sel et poivre
1 cuil. à soupe d'huile végétale
100 g de beurre
15 gousses d'ail
25 cl de vinaigre de vin rouge de qualité
1 cuil. à soupe de purée de tomates
2 tomates
1 bouquet garni
25 cl de bouillon de volaille

INGRÉDIENTS

poulet

gousses
d'ail

tomates

purée de tomates

beurre

bouillon
de volaille

bouquet garni

huile
végétale

vinaigre
de vin rouge

DÉROULEMENT

1 APPRÊTER
ET FAIRE SAUTER
LE POULET

2 PRÉPARER
LA SAUCE

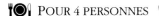

1 APPRÊTER ET FAIRE SAUTER LE POULET

1 Découpez le poulet en six (voir p. 29, mais ne séparez pas les cuisses en deux) ou achetez des cuisses et des ailes. Salez et poivrez les morceaux. Chauffez l'huile et 15 g de beurre à feu modéré dans la sauteuse. Quand le mélange mousse, faites-y revenir les cuisses 5 min, peau vers le fond.

2 Ajoutez les blancs et laissez rissoler à feu doux de 10 à 15 min, jusqu'à ce qu'ils soient bien saisis, puis retournez les morceaux pour qu'ils dorent de tous les côtés.

3 Ajoutez les gousses d'ail non pelées en remuant la sauteuse. Couvrez et laissez mijoter 20 min.

La peau des gousses d'ail restera dans le chinois quand vous filtrerez la sauce

4 Versez le vinaigre et chauffez à découvert 10 min environ jusqu'à ce que le liquide ait réduit de moitié.

L'ébullition fait perdre au vinaigre son acidité

5 Ajoutez la purée de tomates et mélangez pour dissoudre les sucs de cuisson.

ANNE VOUS DIT
«Mélangez bien la purée de tomates et laissez-la cuire quelques instants pour en affiner le goût.»

6 Concassez grossièrement les tomates; ajoutez-les dans la sauteuse avec le bouquet garni.

Sortez les morceaux de poulet de la sauteuse quand ils sont cuits et tenez-les au chaud

7 Couvrez et laissez mijoter jusqu'à ce que les morceaux de poulet soient tendres. Assurez-vous alors qu'ils sont cuits en piquant dans leur chair la fourchette à rôti : le jus qui s'écoule doit être incolore. Si certains morceaux sont prêts avant les autres, retirez-les et réservez-les au chaud.

2 PRÉPARER LA SAUCE À L'AIL ET AU VINAIGRE

Servez-vous d'une petite louche pour presser la pulpe à travers le chinois

1 Réservez au chaud les morceaux de poulet. Versez le bouillon de volaille dans la sauteuse et chauffez à feu vif de 3 à 5 min, en remuant régulièrement, pour réduire la sauce.

2 Passez la sauce à travers le chinois posé au-dessus de la casserole. Pressez le mélange à l'aide de la petite louche.

Des pommes de terre sautées accompagnent traditionnellement ce plat d'origine bourguignonne

3 Coupez le reste du beurre en petits morceaux. Portez la sauce à ébullition puis retirez la casserole du feu. En remuant sans arrêt, incorporez le beurre peu à peu, en remettant à chaque fois la casserole sur le feu. Ne laissez pas bouillir : le beurre doit épaissir la sauce sans se transformer en huile. Goûtez et rectifiez l'assaisonnement.

🍽 **POUR SERVIR**
Disposez les morceaux de poulet sur des assiettes individuelles et nappez-les de sauce.

Des haricots verts se marient bien avec la sauce aillée

121

TOUT SUR LE POULET

Le poulet se prête à de nombreuses recettes et vous le trouverez dans le commerce sous différentes formes. Il est important de bien le choisir, de savoir le conserver au réfrigérateur ou au congélateur. Si vous voulez le décongeler, il vous faudra suivre certaines règles. Quant à la préparation, elle demande aussi certaines précautions.

CHOIX

Vous pouvez acheter du poulet sous diverses présentations. Ces principes de base vous aideront à faire votre choix.

• Un poulet frais a davantage de goût qu'un poulet surgelé. Toutefois, ce dernier, bien cuisiné, gardera sa saveur.

• La peau d'un bon poulet doit être légèrement colorée et un peu humide; si elle l'est trop, la volaille a probablement été décongelée.

• Une peau dorée n'est pas une garantie de qualité. Si elle est jaune, cela ne signifie pas nécessairement que le poulet a été nourri au maïs, car beaucoup d'aliments industriels pour volailles sont jaunes.

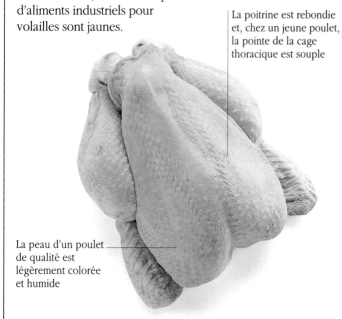

La poitrine est rebondie et, chez un jeune poulet, la pointe de la cage thoracique est souple

La peau d'un poulet de qualité est légèrement colorée et humide

Le poulet fermier, le meilleur, a été élevé en plein air et nourri avec des aliments naturels (grains et insectes). Sa peau recouvre une chair tendre et goûteuse. Son prix de vente est certes plus élevé que celui d'un simple poulet à rôtir, mais nombre de cuisiniers estiment cette différence justifiée car sa saveur et sa fermeté sont incomparables.

L'étiquette d'un poulet pré-emballé indique son poids, dont dépend le temps de cuisson. Les jeunes poulets tendres sont délicieux grillés au four ou au barbecue, sautés et rôtis.

La tradition veut qu'un gros poulet soit meilleur ! La couche de graisse qui se forme peu à peu sous la peau avec l'âge le rend en effet plus tendre. Toutefois, si vous achetez un poulet de 2 kg ou plus, assurez-vous qu'il n'est pas trop vieux pour être rôti. La poule n'est pas à dédaigner; vous la pocherez ou la braiserez, et la servirez avec une sauce parfumée par le bouillon de cuisson.

La grande majorité des poulets sont vendus plumés et vidés, mais avec leurs abats (cou, gésier, cœur et foie), qui cuiront éventuellement à l'intérieur. Mais le cou, le gésier et le cœur servent aussi à préparer le bouillon tandis que le foie haché parfume les sauces ou entre dans la composition des farces.

CONSERVATION D'UN POULET CRU

Vous pouvez conserver un poulet cru et vidé 48 h au réfrigérateur. Ne le laissez ni dans un emballage en plastique ni dans un sac en papier : déballez-le, posez-le sur un grand plat et couvrez-le sans le comprimer.

CONGÉLATION D'UN POULET

Pour congeler un poulet entier, enlevez et emballez séparément les abats. Si vous le bridez à ce moment, il sera prêt pour la cuisson après décongélation. Mettez-le dans un sachet en plastique spécial congélation puis enveloppez-le dans une feuille d'aluminium ménager. Procédez de la même façon pour le poulet en morceaux.

Vous pouvez aussi congeler un poulet cuit, désossé ou non, mais il se desséchera si vous le conservez plus de 2 semaines. Toutefois, recouvert de sauce ou de bouillon, vous le garderez 3 mois au congélateur, dans un emballage hermétique.

ATTENTION !
Ne recongelez jamais un poulet décongelé et ne congelez pas les volailles farcies, car le froid ne tue pas toutes les bactéries qui pourraient s'y développer.

DÉCONGÉLATION D'UN POULET

Il vaut mieux laisser décongeler un poulet dans le réfrigérateur; comptez alors environ 3 h par livre. Si vous manquez de temps, placez le poulet, en le laissant dans son emballage en plastique, dans un évier ou dans un grand bol et recouvrez-le d'eau froide. Changez l'eau régulièrement jusqu'à complète décongélation. Avec cette méthode, un gros poulet sera prêt à cuire en 3 à 5 h.

ATTENTION !
Avant de cuisiner un poulet congelé, comptez 12 h de décongélation.

SÉCHAGE ET PRÉPARATION D'UN POULET

Ne lavez jamais un poulet avant de le cuire, séchez-en simplement l'intérieur avec du papier absorbant. Si la volaille a été décongelée, épongez au maximum sa peau humide.

Lavez-vous toujours soigneusement les mains avant et après avoir manipulé un poulet cru. Passez sous l'eau chaude et nettoyez minutieusement la planche à découper, les couteaux, le robot ménager et les autres ustensiles de cuisine avant de les utiliser pour préparer les ingrédients qui l'accompagneront. Vous tuerez ainsi les salmonelles qui provoquent parfois des intoxications alimentaires.

CONSERVATION D'UN POULET CUIT

Une fois cuit, un poulet ne doit pas rester plus de 1 h à température ambiante. Vous pouvez le conserver 3 jours au réfrigérateur, bien emballé. S'il est farci ou accompagné d'une sauce épicée, ne le gardez pas plus de 24 h. Mettez la sauce et la farce dans des récipients couverts séparés et réchauffez-les au dernier moment ; ne faites cependant jamais bouillir une sauce déjà préparée.

POIDS ET NOMBRE DE PARTS

Chaque variété de poulet a un poids différent. Le nombre de parts dépend de l'appétit des convives et de l'accompagnement; il n'est donné ici qu'à titre indicatif.

• Les poussins (300 g) et les coquelets (500 g) sont prévus respectivement pour 1 et 2 personnes. Vous pouvez remplacez les poussins par d'autres petits oiseaux à chair blanche, des cailles par exemple, mais comptez-en alors au moins un par convive.

• Les poulets à rôtir de moins de 1,5 kg conviennent pour 2 à 4 personnes. Vous pouvez les acheter entiers, coupés en deux, ou en morceaux.

LES SALMONELLES

ATTENTION !
La volaille peut parfois transmettre des salmonelles, à l'origine d'intoxications alimentaires.

• Conservez toujours un poulet cru emballé au réfrigérateur et ne le gardez pas plus de 3 jours.
• Décongelez un poulet surgelé avant de le faire cuire.
• Amenez toujours une volaille à température ambiante avant de la faire cuire.
• Lavez-vous les mains et nettoyez soigneusement votre équipement avant et après avoir manipulé la chair crue.
• Farcissez le poulet sans trop tasser la farce : la chaleur qui se répartira uniformément tuera les salmonelles.
• Cuisez le poulet à point : il sera plus parfumé et vous éliminerez tout risque de contracter la salmonellose. Si le temps de cuisson a été respecté, les morceaux se détachent facilement à l'aide d'une fourchette à rôti. Vous pouvez aussi l'enfoncer dans une cuisse : le jus qui s'écoule doit être incolore. Ou bien, soulevez et inclinez le poulet : le jus qui s'en écoule doit être incolore.
• L'usage d'un four à micro-ondes pour cuire ou réchauffer un poulet est déconseillé, car les ondes qu'il produit ne tuent pas les bactéries.

• Les poulets à rôtir de plus de 1,5 kg, plus âgés et donc plus gras, permettent de servir au moins 4 personnes.

• Les poules sont de vieilles volailles de plus de 2 kg et rassasient au moins 6 personnes. La meilleure façon de les préparer consiste à les braiser ou à les pocher. Les coqs sont plus difficiles à trouver; leur viande, plus sombre, rappelle un peu celle du gibier. Si vous n'en trouvez pas, achetez une poule ou un gros poulet à rôtir.

• Les chapons sont des coqs châtrés à la chair blanche, spécialement engraissés. Particulièrement dodus, ils peuvent atteindre 4,5 kg et sont servis pour 10 à 12 personnes.

poussin

coquelet

poule

poulet

chapon

BOUILLON DE VOLAILLE

Le bouillon de volaille est indispensable en cuisine. Vous pouvez le conserver 3 jours au réfrigérateur, dans un récipient couvert, ou même le congeler. Le bouillon est souvent réduit et concentré, aussi n'est-il ni salé, ni poivré au cours de la préparation.

🍴 POUR 2 LITRES ENVIRON

🥣 PRÉPARATION : 15 MIN

🍲 CUISSON : DE 1 H À 3 H

LE MARCHÉ

1 kg d'abattis de poulet cru ou 1 poule entière
1 oignon
1 carotte
1 branche de céleri
1 bouquet garni
5 grains de poivre
2 litres d'eau ou plus

1 Mettez les abattis dans un grand faitout; émincez l'oignon, la carotte et le céleri. Ajoutez-les avec le bouquet garni et le poivre.

2 Couvrez d'eau, portez à ébullition et laissez mijoter de 1 h à 1 h 15 en écumant régulièrement le liquide de cuisson. Si vous utilisez une poule entière, sortez-la du faitout au bout de 3 h. Assurez-vous qu'elle est cuite en piquant dans sa chair une fourchette à rôti : elle doit s'y enfoncer facilement. Réservez-la pour une recette à base de volaille cuite.

ANNE VOUS DIT
«Plus le bouillon mijote longtemps, plus il sera parfumé.»

3 Filtrez le bouillon au-dessus d'un grand bol. Laissez-le refroidir puis couvrez-le et conservez-le au réfrigérateur.

ANNE VOUS DIT
«Si vous ne voulez pas préparer vous-même le bouillon, achetez-le en extrait liquide (choisissez-le très peu salé, vous contrôlerez ainsi l'assaisonnement) ou solide.»

TECHNIQUES DE BASE
SUPPRESSION DU BRÉCHET

Tirez la peau du cou du poulet vers l'arrière. Dégagez le bréchet à l'aide de la pointe d'un couteau, puis ôtez-le. Enlevez aussi toute la graisse. Sans le bréchet, vous découperez plus facilement le blanc en tranches.

DÉCOUPAGE D'UN POULET EN HUIT

Glissez la lame d'un couteau chef ou d'un couteau à désosser entre la cage thoracique et la cuisse. Inclinez celle-ci fermement vers l'extérieur pour déboîter l'articulation, puis tranchez-la et détachez le membre. Procédez de la même façon pour la seconde cuisse.

Passez la lame du couteau de part et d'autre de la cage thoracique pour détacher les blancs puis ouvrez la carcasse, retournez le poulet sur le ventre et découpez de chaque côté de la colonne vertébrale. Ôtez la colonne vertébrale et les côtes d'un seul tenant pour détacher les ailerons et les blancs sans les séparer. Vous avez 4 morceaux.

Coupez chaque aile en deux en laissant une portion de blanc attaché à l'aileron. Vous avez 6 morceaux.

Coupez chaque cuisse en deux au niveau de la jointure, entre le haut de cuisse et le pilon. Vous avez 8 morceaux.

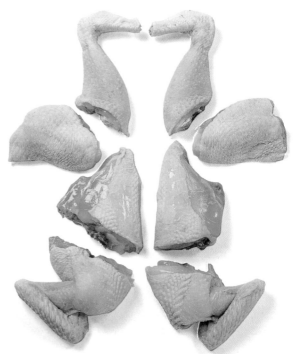

SUPPRESSION D'UN TENDON

À l'aide d'un couteau à désosser, soulevez le tendon au milieu du blanc et enlevez-le. Si le filet se détache, replacez-le. Enlevez la peau et jetez le tendon.

BRIDAGE D'UN POULET

Séchez l'intérieur du poulet avec du papier absorbant. Salez-le et poivrez-le à l'intérieur comme à l'extérieur. Ôtez le bréchet. Couchez le poulet sur le dos. Tirez les cuisses vers l'arrière et vers le bas. Piquez une aiguille à brider au niveau de l'articulation, passez-la à travers le corps et faites-la ressortir de l'autre côté. Retournez le poulet sur le ventre. Tirez la peau pour recouvrir la cavité du cou et rabattez les ailerons. Piquez l'aiguille à brider à travers l'un des ailerons repliés et dans la peau du cou. Poussez-la en la glissant sous la colonne vertébrale et faites-la ressortir à travers le second aileron. Couchez le poulet sur le côté. Tirez fermement sur les extrémités de la ficelle et nouez-les solidement. Remettez la volaille sur le dos. Rentrez le croupion à l'intérieur du corps, rabattez la peau sur la cavité et passez l'aiguille à brider à travers. Faites une boucle autour de chacun des pilons en glissant la ficelle sous la poitrine et nouez solidement les extrémités.

DÉCOUPAGE D'UN POULET CUIT

Enlevez la ficelle à brider. Enfoncez la lame d'un couteau chef entre la cuisse et la cage thoracique. Couchez le poulet sur le côté et, au niveau de la colonne vertébrale, glissez le couteau sous la cuisse; le sot-l'y-laisse doit y rester attaché. Retournez le poulet sur le dos. Inclinez fermement la cuisse vers l'extérieur pour déboîter l'articulation, puis tranchez-la et détachez le membre. Coupez-le en deux à la jointure du pilon. Glissez la lame du couteau à l'horizontale au-dessus de l'articulation de l'aile et jusqu'à la cage thoracique de façon à détacher la base du blanc. Taillez des tranches le long de la cage thoracique. Détachez l'aileron. Procédez de la même façon pour l'autre côté.

DÉSOSSEMENT D'UN POULET CUIT

Enfoncez la lame d'un couteau à désosser entre la cuisse et la cage thoracique. Inclinez fermement la cuisse vers l'extérieur pour déboîter l'articulation puis tranchez-la et détachez le membre. Procédez de la même façon pour l'autre cuisse. Passez la lame du couteau de part et d'autre de la colonne vertébrale pour détacher les blancs et enlevez la moitié du ventre d'un seul tenant. Procédez de la même façon pour l'autre moitié. Enlevez le bréchet et la viande qui y adhère; détachez tous les morceaux encore accrochés à la carcasse. Enlevez et jetez la peau. Émiettez grossièrement le blanc entre vos doigts. À l'aide d'un couteau à désosser et de vos doigts, enlevez la chair des cuisses, retirez les tendons, jetez la peau et coupez la viande en petits morceaux.

LES ENCADRÉS TECHNIQUES

*Toutes les recettes du **Poulet** sont expliquées étape par étape, image par image. Certaines techniques de base se retrouvent dans plusieurs d'entre elles : elles sont minutieusement décrites dans des encadrés.*

Les températures de cuisson sont indiquées en °C.

INDEX

126

REMERCIEMENTS

'Phidal' remercie les personnes suivantes:
Photographe : David Murray,
assisté de Jules Selmes

Chef : Éric Treuille
Consultante : Linda Collister,
assistée de Annie Nichols

Éditeur pour la Grande-Bretagne : José Northey
Établissement de l'index : Sally Poole

Production : Lorraine Baird

Carroll & Brown Limited adresse ses remerciements
à Colin Walton et Sarah Summerbell, à ICTC pour les casseroles
Cuisinox Élysée, au Creuset pour les ustensiles de cuisine
et à Moulinex pour la friteuse et le hachoir à viande.

Anne Willan remercie plus particulièrement Cynthia Nims et Kate Krader
pour leur contribution à la rédaction de ce livre, à la recherche
et à la vérification des recettes, ainsi que les chefs
de l'école de cuisine La Varenne et leurs étudiants.

CUISINE EN IMAGES
Le poulet

'Publié' par Phidal
Photogravure : Colourscan, Singapour
Impression et reliure : A.Mondadori, Vérone, Italie
PREMIÈRE ÉDITION
Achevé d'imprimer : août 1993

Imprimé en Italie
Printed in Italy

POIDS ET MESURES

TABLE D'ÉQUIVALENCES

1,5 cl ou 15 ml	1 cuil. à soupe
1 cl ou 10 ml	2 cuil. à thé
3 cl ou 30 ml	$^1/_8$ tasse
6 cl ou 60 ml	$^1/_4$ tasse
9 cl ou 90 ml	$^3/_8$ tasse
12,5 cl ou 125 ml	$^1/_2$ tasse
16 cl ou 160 ml	$^2/_3$ tasse
18,5 cl ou 185 ml	$^3/_4$ tasse
25 cl ou 250 ml	1 tasse (8 oz)
30 cl ou 300 ml	1 $^1/_4$ tasses
37,5 cl ou 375 ml	1 $^1/_2$ tasses
50 cl ou 500 ml	2 tasses (16 oz)
60 cl ou 600 ml	2 $^1/_2$ tasses
90 cl ou 900 ml	3 $^3/_4$ tasses
100 cl ou 1 litre	4 tasses

Équivalent Normal

1 cuil. à thé = 0,5 cl ou 5 ml

1 cuil. à soupe = 1,5 cl ou 15 ml

1 oz = 3 cl ou 30 ml

0.035 oz = 0,1 cl ou 1 ml

Équivalence en Longueur

1 cm = 0.3 pouce

ÉQUIVALENCES EN POIDS SOLIDE

15 g	1/2 oz
30 g	1 oz
60 g	2 oz
85 g	3 oz
100 g	3,5 oz
115 g	4 oz
125 g	4,5 oz
150 g	5 oz
175 g	6 oz
200 g	7 oz
227 g	8 oz
256 g	9 oz
300 g	10 oz
320 g	11 oz
340 g	12 oz
400 g	14 oz
425 g	15 oz
454 g	16 oz

ÉQUIVALENCES POUR TEMPÉRATURE DU FOUR

°C	Gaz	°F
110	1/4	225
120	1/2	250
140	1	275
150	2	300
160	3	325
175	4	350
190	5	375
200	6	400
220	7	425
230	8	450
240	9	475
260	10	500

Équivalent Normal

30 g = 1 oz	1 livre = 16 oz (454 g)
1 g = 0.35 oz	1 kg = 2.2 livres